目次

●本書の使い方

①この問題集は実教出版の教科書「マーケティング」(商業718)に準拠しています。

②穴埋め形式の**要点整理**で知識を定着させた後，応用的な問題を含む**Step問題**にチャレンジしましょう。

③要点整理には，一定のまとまりごとに**チェックボックス**をつけました。よくできた場合は，一番上のチェックボックス(☺)にチェックをつけましょう。できた場合は真ん中(☺)，あとでもう一度解きたい場合は，一番下のチェックボックス(☺)にチェックをつけましょう。全てのチェックボックスが笑顔になるまでくり返し解きましょう。

④Step問題は記述問題に✐，難易度の高い問題に💡をつけました。記述問題は**解答のポイント**を別冊解答解説に掲載しています。自分自身の解答がポイントをおさえられているかを確認しましょう。

⑤各章末に，教科書の内容に関連した実習課題である**探究問題**と**重要用語の確認**を掲載しています。探究問題にも積極的に取り組み，ほかの人と意見交換などを行ってみましょう。

⑥よりよい学習を実践できるよう**目標設定＆振り返りシート**(▶p.112)を活用してください。

1節 マーケティングの歴史と発展

教科書 p.8〜13

要点整理

正答数 ／57問

教科書の内容についてまとめた次の文章の（　　　）にあてはまる語句を書きなさい。

Check!

1 マーケティングとは

教科書 p.8

マーケティングとは製品やサービスが「（①　　　　　　　　　　）」をつくることである。現代ではさまざまな企業が同じような製品やサービスを生産し提供するため，ただつくるだけではなく，（②　　　　　　　　）ようにする努力が必要である。

マーケティングでは製品やサービスを「売る」のではなく，「（②）」ようにするという考え方が重要である。常に消費者の（③　　　　　　　）で考えることによって，消費者が思わず（④　　　　　　　　　）製品やサービスを生産して提供することを目指すのである。

もともとマーケティングは（⑤　　　　　　　　）を回避するためのメーカーの活動が中心だった。しかし，近年では，マーケティングの知識は，メーカーだけではなく，消費者に商品を販売する（⑥　　　　　　　）や無形の商品を提供する（⑦　　　　　　　　　），さらには学校や病院などといった（⑧　　　　　　　　）にも必要とされている。企業は，消費者の（⑨　　　　　　）をつかむような製品を製造したり，サービスを提供したりしなければ，現代社会では，なかなか（⑩　　　　　　　）してもらえないからである。

Check!

2 マーケティングの歴史的発展

教科書 p.9〜13

マーケティングは，1900年頃の（⑪　　　　　　　　　）で学問として誕生し，日本には（⑫　　　　　　）年代後半に導入された。ここでは（⑬　　　　　　　　　　　　　　）というマーケティングの考え方が，歴史的にどのような発展を遂げてきたかをみていこう。

1）生産志向

「つくれば売れる」という考え方を（⑭　　　　　　　　　）という。1950年代に普及した白黒テレビ，電気冷蔵庫，電気洗濯機は（⑮　　　　　　　　　）と呼ばれた。戦後の日本経済は（⑯　　　　　　　　　）期で（⑰　　　　　　）が良かったこともあり，企業が生産に力を入れた。その製品は，便利で近代的な生活を求める消費者に飛ぶように売れた。

つくれば売れるという（⑭）は，需要が供給を大きく（⑱　　　　　　　）時代に通用した考え方である。企業は，製品の生産量を増やすことで（⑲　　　　　　　　）の効果を目指して，安く大量につくることに集中すれば業績は上がった。物の（⑳　　　　　　　）が背景にあったため，（㉑　　　　　　　）が多少悪くても，当時の消費者は（⑩）してくれた。

２）製品志向

「良いものをつくれば売れる」という考え方を(㉒   )という。1960年代に
なると３Ｃと呼ばれる(㉓   )，(㉔   )，(㉕   )が普及し
ていった。白黒テレビからより(㉑)が良い(㉓)が生産されるようになったことは，この時代
の代表的な事柄である。

(㉒)の特徴は，企業の研究者や技術者が，消費者のことをあまり考えることなく，高い
(㉖   )や新しい(㉗   )を中心に，新製品を開発していくことに
ある。研究者や技術者の興味に基づいて新製品がつくられるため，(㉘   )
とも呼ばれる。

(㉒)で開発された製品は，(㉙   )に導入されてはじめて売れるかどうかがわか
る。つまり，もし製品が売れたなら，(㉖)や(㉗)がたまたま消費者に受け入れられたとも考
えられる。

３）販売志向

「つくったものを売り切る」という考え方を(㉚   )という。高度経済成長
期が終わり，景気が減速すると，製品に対する需要も落ち込んでいく。そして，供給が需
要を上回り，企業は製品が(㉛   )事態に陥る。ここで，生産を止めればつくり
過ぎなくて済むが，企業は先行して(㉜   )を行っており，その資金を回収
するまでは，製品の生産を止める事は難しい。そこで，つくり過ぎてしまった在庫を積極
的に販売して，売り切る必要が出てくる。

販売を意味する「selling」という英語には，「(㉝   )」という意味も含まれ
ている。アメリカでは，企業の(㉝)に対する消費者の不満が高まった結果，1960年頃に
(㉞   )と呼ばれる考え方が広まり，消費者の(㉟   )や
(㊱   )を守るための消費者運動が行われた。日本では，(㊲   )の
トラブルが1970年頃に増えたことに対応して，(㊳   )が
1972年に導入され，1976年に訪問販売法が制定，2000年に(㊴   )に
改正された。

４）消費者志向

「消費者が必要なもの，欲しいものをつくって売れるようにする」という考え方を
(㊵   )という。(㊶   )とも呼ばれ，現代のマーケティング
の中心となる考え方である。これまではすべて企業や製品を起点としていたが，(㊵)で初
めて消費者を(㊷   )に新製品開発や販売をして行く考え方になった。つくった
ものを売ることから，「(㊸   )」ことに大きく転換したのである。

ニーズとは，人が何かを欲しいと思う気持ち，何かが必要だと思う気持ちのことである。消費者が何を望んでいるのかという(㊹　　　　　　　　)を理解しないままでは，マーケティングは実行できない。消費者志向の実現では(㊹)が重要である。

(㊹)を発見して満たすことで，(㊺　　　　　　　　)を高めることがマーケティングの重要なテーマの一つである。製品やサービスを購入した顧客がその使い心地に満足してくれれば，次も同じ製品やサービスを購入する(㊻　　　　　　　　)になってくれたり，企業の(㊼　　　　　　　　)になってくれたりする。その一方で近年では，既存の顧客にだけ目を向けるのではなく，企業がマーケティングによって顧客を生み出していくという(㊽　　　　　　　　)の考え方も重要である。

5）社会志向

「社会的責任や社会貢献を果たすものをつくって売る」という考え方を(㊾　　　　　　　　)という。(㊾)のマーケティングは，特に(㊿　　　　　　　　)と呼ばれる。現代社会は，大気や海洋の((51)　　　　　　　　)や途上国の((52)　　　　　　　　)，先進国の((53)　　　　　　　　)といったさまざまな課題に直面している。こうした課題を企業のマーケティング活動を通じて解決する，またはマーケティングの知識を使って解決することに貢献する意識が社会的に高まっている。マーケティングによって(㊹)に合った製品やサービスを企業が提供し利益を上げるだけでなく，((54)　　　　　　　　)を考えた企業活動をする必要が出てきている。

(㊾)の典型は，商品を買うと売上の一部が寄附される((55)　　　　　　　　)である。その他にも((56)　　　　　　　　)と呼ばれる活動がある。((56))とは，単純なリサイクルではなく，捨てられるはずだった商品などに((57)　　　　　　　　)をつけて，元の商品よりも高価値，高価格の商品をつくる活動である。

▶Step問題

正答数　　　／17問

1　次の(1)～(5)のうち，条件にあてはまるものにはAを，それ以外にはBを書きなさい。

●条件　1950年代に三種の神器と呼ばれた，人々の関心を集めた電気製品

(1)　自動車　　(2)　掃除機　　(3)　電気洗濯機　(4)　白黒テレビ　　(5)　電気冷蔵庫

(1)		(2)		(3)		(4)		(5)	

2 次の各文の下線部が正しい場合は〇を，誤っている場合は正しい語句を書きなさい。

(1) 既存の顧客にだけ目を向けるのではなく，マーケティングで顧客を生み出すという考え方を<u>顧客満足</u>という。

(2) 消費者志向は，市場である消費者を起点に製品開発や販売活動を行うため，<u>プロダクト・アウト</u>という発想に基づいている。

(3) 企業の技術やアイディアを中心に新製品を提供する考え方を<u>ニーズ志向</u>という。

(4) <u>範囲の経済</u>とは，生産量が増えると，一つあたりの生産コストが下がることである。

(5) マーケティングとは，製品やサービスが<u>売れる仕組み</u>をつくることである。

(1)		(2)		(3)	
(4)		(5)			

3 次の(1)～(5)に最も関係の深いものを解答群から選び，記号で答えなさい。

(1) K社はファンサイトをつくり，自社商品のファンとのつながりを深めた。

(2) M社は自社のチョコレートを買うと売上の一部を世界の難民の子どもに寄附した。

(3) 1960年頃，アメリカでは企業の押し売りに対する不満から，消費者運動が行われた。

(4) A社はスマートフォンという，当時は誰も想像していなかった携帯電話を提案した。

(5) F社はT型1車種のみを生産し，コストダウンを実現した。

【解答群】　ア　販売志向　　イ　社会志向　　ウ　生産志向
　　　　　　エ　製品志向　　オ　消費者志向

(1)		(2)		(3)		(4)		(5)	

4 社会志向とはどのような考え方か，また，企業が社会志向のマーケティングを行うことを通じて解決しようとしている現代社会の課題とは具体的にはどのようなことか，それぞれ30字程度で説明しなさい。

【考え方】

【解決しようとしている現代社会の課題】

2節 現代の市場とマーケティング

教科書 p.14～21

要点整理

正答数　　／60問

教科書の内容についてまとめた次の文章の(　　　)にあてはまる語句を書きなさい。

1 優れたマーケティングの条件

教科書 p.14～16

Check!

マーケティングは，(① 　　　　　　　　)に適応したり，①を創造したりする活動である。マーケティングにおける①とは消費者の集まりのことであり，製品やサービスを現在購入してくれている(② 　　　　　　　)と，今後購入してくれそうな(③ 　　　　　　　)が含まれる。そのため，「時代や社会的な背景によって変化する①に上手に適応しているか」，さらに「時代を先取りして(④ 　　　　　　　)をつくって①を新たに創造することができているか」が優れたマーケティングの条件になる。

1)市場への適応

市場に適応するには，(⑤ 　　　　　　　　　　)を適切に把握することが重要になる。消費者に寄り添って，消費者は何が(⑥ 　　　　　　　)のか，何を(⑦ 　　　　　)に感じているのかを理解して，それを解決する製品やサービスを開発して提供する必要がある。消費者の声を聞くために，(⑧ 　　　　　　　　)を行うことは有効な手段である。

2)市場の創造

現代のマーケティングでは，市場を新たに創造することも求められる。(⑨ 　　　　　　)していない形で消費者の欲しいと思うものを提供することが重要である。そのためには，「(⑩ 　　　　　　　　)」と「(⑪ 　　　　　　　　　　)」を同時に実現する必要がある。

ただし，消費者の声に耳を傾けすぎると，企業がつくるものは陳腐なものになってしまい，(⑫ 　　　　　　　　)を起こして消費者の(⑬ 　　　　　　　)を超える製品やサービスを開発することができなくなる。(⑭ 　　　　　　　　)を実現するためには，消費者の声にただ従うのではなく，まだ声になっていない(⑮ 　　　　　　)なニーズを発見する必要がある。

3)市場への創造的適応

現代のマーケティングでは，市場への適応と市場の創造を同時に実現することが必要である。これを(⑯ 　　　　　　　)といい，消費者の声に耳を傾けて受け身で市場に適応するだけではなく，それと同時に消費者が予想していなかった新しい(⑰ 　　　　　)を創造するマーケティングの取り組みである。

2 現代市場に創造的に適応するマーケティング

教科書 p.17〜21

　創造的適応のためには，市場の変化を捉える必要がある。市場，つまり消費者はさまざまな社会的環境の変化に影響を受けて(⑱　　　　　　　　　)や(⑲　　　　　　　　　)が変化する。

1）情報環境の変化とマーケティング

1　スマートフォンの活用

　スマートフォンの普及によって，人々の情報の受発信は容易になった。さまざまなアプリを使って，友人とコミュニケーションをとる，写真を撮って(⑳　　　　　　　)にアップロードする，ゲームをする，(㉑　　　　　　　　　　　)で動画や音楽を視聴する，といったことが，いつでも，どこでも，手間をかけずにできるようになった。多くの企業がマーケティングで，スマートフォンを活用している。例えば，自社アプリをダウンロードしてもらって(㉒　　　　　　　)を配信し，購買行動に繋げている。

2　ビッグデータの活用

　多種多量でリアルタイムに蓄積されるデータのことを(㉓　　　　　　　)という。
(㉔　　　　　　　)が進んだために，たくさんの量の情報を集めるだけではなく，さまざまな種類の情報を常に(㉕　　　　　)，(㉖　　　　　　)できる環境になった。

　(㉓)には，消費者がインターネットで発信している情報はもちろん，クレジットカードや電子マネーによる支払いで蓄積される(㉗　　　　　　　)や，鉄道や航空などの
(㉘　　　　　　　)，気象などの(㉙　　　　　　　)，スマートフォンなどによる
(㉚　　　　　　　)といったさまざまなデータがある。

　こうした(㉓)を活用することで，企業は製造や販売といったマーケティングに関する業務を改善する(㉛　　　　　　　　)を素早く回すことができる。例えば，鉄道会社が駅の自動販売機の電子マネー決済情報から，ある駅は男性利用客が多いというデータを得たとする。そこで，女性にも買ってもらうように女性向け商品を配置した自動販売機を設置し，売上の向上を目指すといった対応をとることができる。また，前に立った顧客の顔を認識し性別や年齢を推測して，顧客ごとにおすすめの商品を提示することができる，
(㉜　　　　　　　)が付いている自動販売機などもある。

3　CtoCビジネスの進展

　企業と消費者の取引((㉝　　　　　　))や，企業間の取引((㉞　　　　　　))をマーケティングでは主に扱ってきた。しかし近年，(㉟　　　　　　)の発展と普及で消費者間の取引が活発に行われている。消費者間の取引は(㊱　　　　　　)ビジネスと呼ばれる。(㊱)ビジネスは，インターネットを使った(㊲　　　　　　)や広場などで直接取引が行われる(㊳　　　　　　　)，個人の家や部屋を旅行者に貸す(㊴　　　　　　)などがある。デザインや翻訳といった個人の(㊵　　　　　　)を売買するビジネスもある。

CtoCのマーケティングでは，(㊶　　　　　　　　　　)と呼ばれる，製品やサービスを提供する消費者と，それを欲しいと思って購入する消費者を結びつける事業者が重要な役割を担う。例えば，古着を売りたい場合，㊶である(㊷　　　　　　　　)に古着を出品することで，買いたい人を探すことが容易になる。

2）技術の変化とマーケティング

1　IoTの活用

ものとインターネットが接続することを，(㊸　　　　　　)という。家電製品がインターネットに接続されると，スマートフォンのアプリで(㊹　　　　　　　)ができるようになる。コインランドリーの洗濯機，駅や会社のトイレ，駐車場などでは，スマートフォンで空き状況を確認できるサービスも提供されている。また，視線のデータを取得することで，集中度合いをアプリで確認できたりするメガネがインターネットに接続され，データが蓄積される。このメガネは，働き方改革の効果を(㊺　　　　　　　)し，企業に関連するサービスを提案するためのマーケティングに活用されている。

2　AIの進化

(㊻　　　　　)（人工知能）の活用は，人間が(㊼　　　　　　)を使ってすることを機械が代わりに行うことが一つの目的であり，(㊽　　　　　　　　　)という技術が㊻を発展させている。ビッグデータと㊻を利用すれば，これまでは(㊾　　　　　)や(㊿　　　　　)で推測をしていたことでも，さまざまなデータを根拠として，確実性の高い((51)　　　　　　)ができる。

3）社会環境の変化とマーケティング

1　グローバル化の進展

国や地域などの((52)　　　　　　)を越えて，市場が地球全体にまで広がるということを，((53)　　　　　　　　)という。今日では，世界中を一つの市場とみなして，製品の部品の規格を((54)　　　　　　)したり，翻訳や吹き替えはするものの広告の映像をどの国でも((55)　　　　　　)したりするというように，(53)が進んでいる。

2　少子高齢化への対応

日本の社会的課題として，少子化と高齢化が同時に進行する((56)　　　　　　　)が挙げられる。少子化により将来の消費者が減ると，市場が((57)　　　　　　)する。そこで重要になるのが，子どものことをより深く考え，ニーズに応える((58)　　　　　　　　)の製品やサービスを開発し，高価格で買ってもらうマーケティングの工夫である。一方で高齢化は，自由に所得や時間を使える消費者の増加に繋がるかもしれない。実際に近年の高齢者の消費行動は，何かを買う「((59)　　　　　　　)」から，何かを経験する「((60)　　　　　　)」へと転換している。

1 次の(1)〜(5)のうち，条件にあてはまるものにはAを，それ以外にはBを書きなさい。

●条件　ビッグデータの活用事例

(1)　AIが搭載された自動販売機が顔認証技術を用いて顧客の顔から性別や年齢を推測し，おすすめの商品を提示した。

(2)　流れる寿司の種類と数をリアルタイムで管理し，流す寿司の順番を決めた。

(3)　自動販売機の電子マネー決済情報を分析し，女性向け商品を配置した。

(4)　成績向上のため，自分の過去のテストの結果から苦手科目を集中的に勉強した。

(5)　登録車の車速の変化から，道路の渋滞発生の有無と渋滞の長さを予測した。

(1)		(2)		(3)		(4)		(5)	

2 次の各文の下線部が正しい場合は○を，誤っている場合は正しい語句を書きなさい。

(1)　マーケティングにおける市場とは小売業者のことである。

(2)　顕在顧客とは，現在は購入していないが，今後購入してくれそうな顧客のことをいう。

(3)　消費者ニーズの把握のために，消費者の声を聞く，製品政策は有効な手段である。

(4)　新しい技術やアイディアによって，価値を創造することを構造改革という。

(5)　創造的適応とは市場に適応するだけでなく，新しい需要を創造することである。

(1)		(2)		(3)	
(4)		(5)			

3 次の(1)〜(5)のうち，条件にあてはまるものにはAを，それ以外にはBを書きなさい。

●条件　CtoCビジネス

(1)　自動車や電子機器の部品を製造する町工場。

(2)　個人の家や部屋を旅行者に貸す民泊。

(3)　デザインや翻訳といった個人のスキルを売買するスキルマーケット。

(4)　多くの店が出店する百貨店やスーパーマーケット。

(5)　インターネットを使ったオークションやフリーマーケット。

(1)		(2)		(3)		(4)		(5)	

4 次の各文の下線部が正しい場合は〇を，誤っている場合は正しい語句を書きなさい。

(1) 国や地域などの境界を越えて，市場が地球全体に広がることを<u>グローバル化</u>という。

(2) 思い出をつくる旅行のように，何かを経験する消費行動を<u>モノ消費</u>という。

(3) <u>AI</u>はものとインターネットが接続することである。

(4) データから規則性や判断基準を学習し，未知のものを予測したり，判断したりする機械学習が高度化した能力を<u>ビッグデータ</u>という。

(5) 主にインターネットを通じたサービスを取引する「場」を提供する事業者，またはビジネス・モデルを<u>クラウド</u>という。

(1)		(2)		(3)	
(4)		(5)			

5 市場を新たに創造する際，消費者の声に耳を傾け過ぎてはならないとされている。下記の絵を参考にその理由を三つあげ，それぞれ30字程度で説明しなさい。

3節 マーケティング環境の分析 教科書 p.22〜25

● 要点整理 正答数 ／29問

教科書の内容についてまとめた次の文章の( )にあてはまる語句を書きなさい。

マーケティングを実行する前には，企業の(① _____)といった企業内部の環境，社会や(② _____)といった企業外部の環境を分析する必要がある。企業のマーケティング活動に影響を与える，企業の内部や外部の状態または置かれている状況のことを(③ _____)といい，これを分析する手法がいくつかある。

1 SWOT分析 教科書 p.22

Check!

(④ _____)は，マーケティングに影響を与える要因を，企業が持つ他社にないプラスの要因の(⑤ _____)(Strength)と，他社に対して劣っているマイナスの要因の(⑥ _____)(Weakness)，企業が置かれている環境を，自社を取り巻く環境がプラスに働く要因の(⑦ _____)(Opportunity)と自社を取り巻く環境がマイナスに働く要因の(⑧ _____)(Threat)，という四つに分けて分析する手法である。

それぞれの要因を整理したら，(⑦)を活かすために(⑤)をどのように活かすかといったことを考えるため，内部環境((⑤, ⑥))と外部環境((⑦, ⑧))を掛け合わせてさまざまな角度から(③)を捉える。(④)を行う目的は，(③)に適切に対応できるように備えたり，新たなビジネスの(⑨ _____)を見出したりすることである。

2 内部環境分析 教科書 p.23

Check!

企業が保有する(⑩ _____)を，競合企業との競争を優位に進められるかという視点から分析するのが(⑪ _____)である。(⑪)では，外部環境の脅威や機会に対応できるような経済的な価値が，保有する経営資源や能力にあるか((⑫ _____))(Value)，単独または少数の企業しか保有していない経営資源や能力か((⑬ _____))(Rarity)，競合企業がその経営資源や能力を獲得したり開発したりするコストが高くて真似しにくいか((⑭ _____))(Imitability)，企業が保有する経営資源や能力を活用する仕組みや方針が組織で整っているか((⑮ _____))(Organization)の四つを分析する。

3 外部環境分析 教科書 p.24〜25

Check!

外部環境は，経済や社会といった(⑯ _____)と，競合企業や取引先といった(⑰ _____)に分けることができる。

1）PEST分析

マクロ環境の視点から，マーケティングに影響を与える要因を分析する手法のことを，（⑱　　　　　　　　）という。その要因は，法律や裁判の判例，政権や政府の動向，規制や税制，自治体の条例などの（⑲　　　　　　　　）（Politics），経済成長率，物価，為替相場などの（⑳　　　　　　　　）（Economy），人口動態やライフスタイルの変化，文化，慣習や常識などの（㉑　　　　　　　　）（Social），新技術の開発や普及，既にある技術の変化などの（㉒　　　　　　　　）（Technology），の四つに分類される。

2）ファイブ・フォーシズ分析

業界の構造というミクロ環境を分析する手法を（㉓　　　　　　　　　　　　）という。業界には次の五つの力（force）が働いていると考え，これらの力が（㉔　　　　　　　　）ほど，その業界が魅力的だと判断する。

①（㉕　　　　　　　　）…業界における競合企業間の競争の激しいか，激しくないか。

②（㉖　　　　　　　　）…顧客がより安い製品やサービスを求める傾向にあるか，高くても品質の良いものが買いたい顧客がいるか。

③（㉗　　　　　　　　　）…供給業者の交渉力が強く高い価格でなければ取引しなければならないか，そうではないか。

④（㉘　　　　　　　　）…異なる業界から参入してくる企業が多くいるか，いないか。

⑤（㉙　　　　　　　　）…業界で提供されている製品やサービスの代替品があるか，ないか。

▶Step問題

正答数　　　／5問

1 (1)～(5)に最も関係の深いものを解答群から選び，記号で答えなさい。

(1) 業界の構造というミクロ環境からその業界の魅力度を判断する。

(2) 競合企業との競争を優位に進められるかという視点から経営資源を明らかにする。

(3) マクロ環境の視点からマーケティングに影響を与える要因を特定する。

(4) 内部環境と外部環境を掛け合わせてさまざまな角度からマーケティング環境を捉える。

(5) 企業内部にある独自のスキルや技術といった能力。

【解答群】　ア　ファイブ・フォーシズ分析　　イ　SWOT分析　　ウ　VRIO分析
　　　　　　エ　コア・コンピタンス　　オ　PEST分析

(1)		(2)		(3)		(4)		(5)	

4節 マーケティング・マネジメント 教科書 p.26〜28

要点整理 正答数 ／28問

教科書の内容についてまとめた次の文章の(　　　)にあてはまる語句を書きなさい。

1 マーケティング・マネジメントの重要性 教科書 p.26

Check!

企業は，マーケティング活動によって達成したい目標を設定する。その目標のことを，(① 　　　　　　　　　　)という。

(①)には，製品の売上増加や(② 　　　　　　　　　)の獲得，(③ 　　　　　　　　　)の向上，(④ 　　　　　　　　)の向上といったようにさまざまな指標がある。(①)として，何をいつまでにどのくらい(⑤ 　　　　　)するのかを明確にしなければならない。

これらを(⑤)するためには，マーケティングを(⑥ 　　　　　　)し，実施して，分析し，修正や(⑦ 　　　　　　)を行う必要がある。このようなプロセスを上手に運用していることを，(⑧ 　　　　　　　　　　　　)という。マーケティングにおける(⑨ 　　　　　　　　　)を円滑に回すことが(⑧)なのである。

2 マーケティング・マネジメントのプロセス 教科書 p.27〜28

Check!

1)マーケティング環境の把握

まず，(⑩ 　　　　　)が置かれている環境を分析して把握する。そのために，VRIO分析を用いて(⑪ 　　　　　　　)を，PEST分析，ファイブ・フォーシズ分析を用いて(⑫ 　　　　　　　)を分析する。また，SWOT分析を用いて(⑪)と(⑫)を分析する。これらの手法を組み合わせて(⑪)と(⑫)を整理し，多角的にマーケティング環境を把握する。

2)マーケティング計画の立案

マーケティング環境を把握したら，次に(⑬ 　　　　　　　　　　　)を立案する。その際，製品やサービスの(⑭ 　　　　　　　)を決めることが重要である。そのためには，(⑮ 　　　　　　)を理解し，(⑯ 　　　　　　)を行って消費者に関するデータを収集する必要がある。(⑭)は(⑰ 　　　　　　)とも呼ばれ，製品やサービスを購入してくれそうな消費者，または企業が購入して欲しいと考えている消費者のことである。(⑭)を決める一連のプロセスを(⑱ 　　　　　)という。

(⑱)とは，市場をある程度の消費者の集まりに分類する(⑲ 　　　　　　　　)，分類された特定の市場に狙いを定める(⑳ 　　　　　　　　)，(⑭)のイメージを整理する(㉑ 　　　　　　)という一連の作業である。

3）マーケティングの実施

STPが定まったら（㉒ 　　　　　　　　　　　）と呼ばれる，マーケティングの具体的な手段を決めて実施する。（㉒）は（㉓ 　　　　　　　　）ともいい，（㉔ 　　　　　　　　）（Product），（㉕ 　　　　　　　　）（Price），（㉖ 　　　　　　　　）（Place），（㉗ 　　　　　　　　）（Promotion）の組み合わせのことである。

（㉒）は，ターゲットに応じて変わるため，必ずSTPを定めてから行わなければならない。

4）マーケティングの評価と改善

マーケティングを実行したら，マーケティング目標を達成できたかどうか（㉘ 　　　　　　　　）を行う。この（㉘）に基づいて，何を改善するべきかなどを検討して，新たなマーケティング計画を立案する。

▶Step問題

正答数　　／21問

1 次の(1)～(5)のうち，条件にあてはまるものにはAを，それ以外にはBを記入しなさい。

●条件　企業の外部環境のみを分析する手法

(1) SWOT分析　　(2) VRIO分析　　(3) 3C分析

(4) PEST分析　　(5) ファイブ・フォーシズ分析

(1)		(2)		(3)		(4)		(5)	

2 次の各文の下線部が正しい場合は○を，誤っている場合は正しい語句を書きなさい。

(1) 自社の製品やサービスが消費者にどれくらい購入・使用されているかという割合を顧客シェアという。

(2) マーケティング目標とは，企業がマーケティング活動により達成したい目標のことをいう。

(3) 購買や消費にかかわる消費者の心理や購買意思決定過程を，消費者志向という。

(4) マーケティングのプロセスを上手に運用していくことをマーケティング・ミックスという。

(5) 消費者ニーズの把握のために，消費者の声を聞く，市場調査を行うことは有効な手段である。

(1)		(2)		(3)	
(4)				(5)	

3 次の(1)〜(5)に最も関係の深いものを解答群から選び，記号で答えなさい。

(1) 高校生が立ち寄りやすいコンビニエンスストアで製品を販売した。

(2) 高校生と同世代の俳優を起用して，製品のテレビＣＭを放送した。

(3) 女子高生の心に響くように，ピンクやオレンジなどのカラフルなパッケージとした。

(4) 製品の市場を，部活動に一生懸命はげむ女子高校生と定めた。

(5) 製品のイメージを「かわいいパッケージの液体タイプのデオドラント」に設定した。

【解答群】　ア　ポジショニング　　イ　プロモーション政策　　ウ　チャネル政策
　　　　　　エ　ターゲティング　　オ　製品政策

(1)		(2)		(3)		(4)		(5)	

4 次の図は，マーケティングにおけるPDCAサイクルを回す手順を示したものである。
次の(1)〜(5)にあてはまるものを解答群から選び，記号で答えなさい。

【解答群】　ア　評価　　イ　目標設定　　ウ　計画　　エ　改善　　オ　実行

(1)		(2)		(3)		(4)		(5)	

5 日焼け止め市場におけるセグメンテーションについて，下の図をもとに，「年代」「肌質」「市場」という語を用いて80字程度で説明しなさい。

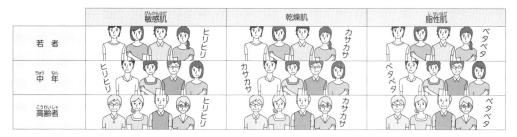

◆ 探究問題　1

　あなたが以前から関心を持っている企業が，このたび学校の近隣に出店しようとしていると仮定して，そのマーケティング・マネジメントについて考えよう。

1 出店する企業とその事業内容を書き出そう。

企業名		事業内容	

2 ①で書き出した企業のファイブ・フォーシズ分析を行い，その結果を書き出そう。

対抗度	
買い手(顧客)	
売り手(供給業者)	
新規参入	
代替品	

3 ①で書き出した企業が行うことができる，スマートフォンを使ったマーケティング活動について考えよう。

次の(1)～(19)にあてはまる用語を書きなさい。

1回目 (1) マーケティングの考え方。
2回目
（   ）

(2) 「つくれば売れる」という考え方。
（   ）

(3) 「良いものを作れば売れる」という考え方。
（   ）

(4) 「つくったものを売り切る」という考え方。
（   ）

(5) 顧客志向とも呼ばれる，「消費者が必要なもの，欲しいものをつくって売れるようにする」という考え方。
（   ）

(6) 消費者が何かを欲しい，何かが必要だと思う気持ち。（   ）

(7) 既存の顧客にだけ目を向けるのではなく，マーケティングで顧客を生み出すという考え方。（   ）

(8) 「社会的責任や社会貢献を果たすものをつくって売る」という考え方。
（   ）

(9) 企業の利益確保と社会貢献を実現する社会志向のマーケティング手法。
（   ）

(10) 消費者の声に耳を傾けるだけでなく，消費者が予想していない新しい需要を創造すること。（   ）

(11) 主にインターネットを通じたサービスを取引する「場」を提供する事業者。
（   ）

(12) 多種多量でリアルタイムに蓄積される，ソーシャルデータ，取引データなどのさまざまなデータ。
（   ）

(13) 何かを買う消費ではなく，何かを経験する消費のこと。（   ）

(14) 企業の内部環境と外部環境を同時に分析する手法。企業が持つ強みと弱み，企業が置かれている環境の機会と脅威という四つに分けて分析する。
（   ）

(15) 競合企業との競争を優位に進められるかという視点から，企業が保有する経営資源を分析する手法。
（   ）

(16) 外部のマクロ環境を分析する手法。政治，経済，社会，技術の四つの要因を分析する。（   ）

(17) 業界の構造というミクロ環境を分析する手法。業界には五つの力が働いているという考えをもとに分析する。
（   ）

(18) マーケティングを計画，実施，分析し，修正や改善を行うプロセスを上手に運用していくこと。
（   ）

(19) 製品政策，価格政策，チャネル政策，プロモーション政策の組み合わせ。4P政策ともいう。
（   ）

1節 消費者の心理と行動の関係

教科書 p.32〜33

● 要点整理

正答数 ／13問

教科書の内容についてまとめた次の文章の（　　　）にあてはまる語句を書きなさい。

消費者が購買の前後に行う購買や消費に対する意思決定，情報の探索や処理，心理の動きなどを（① 　　　　　　　　　　）という。

1 問題解決のための購買

教科書 p.32

Check!

消費者は，日頃からさまざまな商品を（② 　　　　　　　　）している。これは，消費者にとって（③ 　　　　　　　）の一つの手段である。

2 消費者の心理と購買意思決定

教科書 p.33

Check!

消費者は，一般的に特定の（④ 　　　　　　　　　　　　）から，複数のブランドを比較して，特定のブランドを選択する。この選択は（⑤ 　　　　　　　　　　）と呼ばれ，消費者の（⑥ 　　　　　　　）と深く関わっている。

（⑤）は，次の五つの段階を踏んで進む。これを（⑦ 　　　　　　　　　　　　）という。

①（⑧ 　　　　　　　　）…解決するべき問題に気づく段階。

②（⑨ 　　　　　　　　）…その問題の解決手段に関わる商品情報を探す段階。

③（⑩ 　　　　　　　　）…集められた商品情報を比較検討する段階。

④（⑪ 　　　　　　　　）…商品を購買する段階。

⑤（⑫ 　　　　　　　　）…商品を使用する段階，（⑬ 　　　　　　　　）なども行われる。

▶Step問題

正答数 ／10問

1 次のA〜Eの消費者の心理を時間の流れに沿って並べ替え，対応する購買意思決定過程の段階をア〜オから選び，それぞれ記号で答えなさい。

【心理】　A　おいしかった。家族に勧めよう。
　　　　　B　うどんとラーメンのどちらかにしよう。
　　　　　C　ショッピング中にお腹がすいた。
　　　　　D　今日はうどんを食べることを決めた。
　　　　　E　フードコートを見つけた。

【段階】　ア　商品選択
　　　　　イ　代替品評価
　　　　　ウ　購買後行動
　　　　　エ　情報探索
　　　　　オ　問題認識

		第一段階		第二段階		第三段階		第四段階		第五段階	
心理	段階	(1)	(2)	(3)	(4)	(5)	(6)	(7)	(8)	(9)	(10)

2節 購買意思決定過程

● 要点整理

正答数 ／41問

教科書の内容についてまとめた次の文章の（　　　）にあてはまる語句を書きなさい。

1 問題認識

教科書 p.34

Check!

消費者の購買意思決定過程は（①　　　　　　　　）の段階から始まる。（①）とは，解決するべき何らかの問題に気づく段階である。消費者は（②　　　　　　）と（③　　　　　）に（④　　　　　　　　）があり，それがある基準を超えていると（⑤　　　　　　　）するとき，問題を認識する。

2 情報探索

教科書 p.35

Check!

問題を認識した消費者は（⑥　　　　　　　　　　）の段階に進む。（⑥）とは，認識した問題の（⑦　　　　　　　　　）に関わる商品のさまざまな情報を探すことである。

（⑥）┬（⑧　　　　　　　　　　　　）…自らの経験や記憶を探す
　　　└（⑨　　　　　　　　　）…（⑩　　　　　　　　　）を使う

　　　┬（⑪　　　　　　　　　　）…家族や知人など
　　　├（⑫　　　　　　　　　　）…広告やWebサイトなど
　　　└（⑬　　　　　　　　　　）…新聞記事や消費者団体など

3 代替品評価

教科書 p.36〜37

Check!

情報探索を終えた消費者は，（⑭　　　　　　　　　）の段階に至る。（⑭）とは，集められた商品の情報を（⑮　　　　　　　）して（⑯　　　　　　　）し，特定の選択肢に絞ることである。（⑭）のための評価基準やルールには，以下の二つがある。

・（⑰　　　　　　　　　　）とは，ある（⑱　　　　　　　）のマイナス面を他の（⑱）のプラス面で補うルールである。（⑲　　　　　　　　　　）とは，（⑰）を前提にし，（⑱）の良し悪しの評価と，（⑱）の重要性によって特定の商品に対する消費者の代替品評価を予測するモデルのことである。

・（⑳　　　　　　　　　　）とは，（⑱）のマイナス面を，プラス面で補うことをしない，（㉑　　　　　　　　　　）を用いるルールである。各（⑱）について，一つでも最低条件を満たさない（⑱）があると選択しないというルールを，（㉒　　　　　　　　　）という。また，各（⑱）について，重要な順に比較し，最も高い評価のものを選択するというルールを，（㉓　　　　　　　　　）という。

4 商品選択

　代替品評価を終えた消費者は，(㉔　　　　　　　　)の段階に至る。(㉔)とは，実際に商品を(㉕　　　　　　)することである。

　代替品評価において複数の選択肢から特定の商品を選択した消費者は，(㉔)の段階で，選択した商品を(㉕)したいという(㉖　　　　　　　　)を抱く。

　(㉖)を抱いても，(㉗　　　　　　　　　)と(㉘　　　　　　　　　)という二つの要因によって，実際の購買が行われないことがある。(㉗)とは(㉙　　　　　　　　)（一般に，店舗の商品が全て売れてしまって，次回の仕入れを待っている状況）や(㉚　　　　　　　)（一般に，何らかの事情により商品を入荷できない状況）などである。一方，(㉘)とは友人や家族といった他者からの影響によって購買するのをやめることである。

5 購買後行動

　実際に商品を購買した消費者は，最後に(㉛　　　　　　　　)の段階に進む。(㉛)とは，購買した商品を(㉜　　　　　　)することである。

　消費者は購買した商品を使うことで(㉝　　　　　　)かどうか評価する。使ってみて確かめた商品の(㉞　　　　　　　)が，購買以前に抱いていた(㉟　　　　　　　)を上回るか同じ場合，消費者は(㉝)し，中には，その商品に対して(㊱　　　　　　　　)を抱く者もいる。逆に(㉞)が(㉟)を下回った場合，消費者は(㊲　　　　　　)を抱く。このことを説明するモデルを，(㊳　　　　　　　　)という。

　また，購買した商品に欠点が見つかったり，購買しなかった商品に長所が見つかったりした場合，(㊴　　　　　　　)が生じる。(㊴)が生じた場合，消費者は自らの判断が正しいと思えるように，何らかの理由を探して，(㊴)を軽減しようと努める。

　満足や不満を感じた消費者は，対面や(㊵　　　　　　)で(㊶　　　　　　　)を行うことがある。不満を感じた消費者の方が高確率で(㊶)を発信する傾向がある。

▶Step問題

1　次の(1)〜(5)のうち，条件にあてはまるものにはAを，それ以外にはBを書きなさい。

●条件　購買意思決定過程における情報探索のうち，外部情報源であるもの

(1)　兄弟姉妹　　(2)　テレビコマーシャル　　(3)　自身の記憶や経験

(4)　新聞記事　　(5)　ウィンドーショッピング

(1)		(2)		(3)		(4)		(5)	

2 次の⑴～⑸に最も関係の深いものを解答群から選び，記号で答えなさい。

⑴ ある属性のマイナスを他の属性のプラス面で補う代替品評価のルール。

⑵ ある属性のマイナス面をプラス面で補うことをしない代替品評価のルール。

⑶ 一番重要な属性に注目し，もし同じ点数であれば次に重視する属性で評価する。

⑷ 各属性に最低限満たすべき点数を設定し，一つでも満たさなければ選択しない。

⑸ 属性の良し悪しの評価と属性の重要性によって，消費者の代替品評価を予測する。

【解答群】　ア　補償型ルール　　イ　多属性態度モデル　　ウ　非補償型ルール
　　　　　　エ　連結型ルール　　オ　辞書編纂型ルール

(1)		(2)		(3)		(4)		(5)	

3 次の各文の下線部が正しい場合は○を，誤っている場合は正しい語句を書きなさい。

⑴ 代替品評価を終え，商品選択を実施した消費者は，最後に問題認識の段階に進む。

⑵ 購買以前に抱いていた期待水準に比べ，実際に購買して確かめた成果水準が高いとき，消費者は満足を感じる。

⑶ 顧客が持つ商品などに対する愛着のことをサポーターという。

⑷ 購買後に感じる，購買したことを後悔するような不快感を予想外の状況という。

⑸ 商品購買後に，消費者が対面やSNSなどで発信する商品の情報をマニュアルという。

(1)		(2)		(3)	
(4)		(5)			

4 認知的不協和を軽減したり，解消したりする方法を，50字程度で説明しなさい。

3節 消費者行動に影響を与える要因 教科書 p.39〜42

● 要点整理

正答数 ／29問

教科書の内容についてまとめた次の文章の（　　　）にあてはまる語句を書きなさい。

Check! □ □ □

1 動機付け

教科書 p.39

消費者の購買意思決定は，（① 　　　　　　　）（理想）を思い描くことから始まる。この（①）に到達するための行動を（② 　　　　　　　），その行動の強さを決めていく概念は，（③ 　　　　　　　）と呼ばれる。（③）の内容について，最も広く知られている分類は，（④ 　　　　　　　）である。

一方，（③）の消費者行動に与える影響については，（⑤ 　　　　　　　）で理解することができる。消費者が抱く漠然とした目標状態は，複数の（⑥ 　　　　　　　）で構成され，それらを満たしていくことで，さらに（⑥）が現れる。

Check! □ □ □

2 態度

教科書 p.40

消費者行動における（⑦ 　　　　　　　）とは，商品などの対象に対する長期にわたる（⑧ 　　　　　　　）のことであり，購買行動に繋がる消費者行動の中心的概念の一つである。（⑦）には次の三つの構成要素がある。

①（⑨ 　　　　　　　）…商品を好きなのか嫌いなのか，良いと思うのか悪いと思うのか。

②（⑩ 　　　　　　　）…商品を購買しに行こうとするかどうか。

③（⑪ 　　　　　　　）…商品の特徴が真実であると信じるかどうか。

（⑦）の三つの構成要素は，それぞれ（⑫ 　　　　　　　）と（⑬ 　　　　　　　）を持つ。（⑫）を持つとは「好きか嫌いか」といった対立する軸を持つという意味である。一方，（⑬）を持つとは，「好き」や「嫌い」の度合いや程度のことである。

Check! □ □ □

3 関与

教科書 p.41

消費者は，商品同士をよく調べ，熟考して購買決定するが，常に商品に高い関心を示すわけではない。このような商品に関心を示す程度を（⑭ 　　　　　　　）という。

（⑭）には，特定の製品カテゴリーに対して消費者が抱く（⑮ 　　　　　　　），購買の場面や文脈の違いによって生まれる（⑯ 　　　　　　　），広告に対して消費者が抱く（⑰ 　　　　　　　）の三つの種類がある。

（⑭）の程度の高低によって，消費者の広告への反応の仕方は異なる。この広告受容の仕方を示したモデルを（⑱ 　　　　　　　）という。消費者の関与が高ければ（⑲ 　　　　　　　）を進み，関与が低ければ（⑳ 　　　　　　　）を進む。

4 消費者間の影響

Check!

消費者は，大きく分けて二種類の影響を消費者同士で与え合う。(㉑〔　　　　　　　〕）における影響と，(㉒〔　　　　　　　　　〕）による影響である。

消費者は，企業からの情報だけではなく，消費者からも情報を受け取って，新商品を購買する。このように消費者同士が影響し合うという考え方が㉑である。㉑はイノベーションが起きるかどうか，または，起こり方を示す。多くの場合，最初にイノベーションを受け入れる人は少ないが，その後，急激に増え，やがて飽和していく。受け入れた人の累積を表す曲線を(㉓〔　　　　　　　〕）という。そして，イノベーションを受け入れる人は，受け入れる順に①(㉔〔　　　　　　　　　〕），②(㉕〔　　　　　　　　　〕），③(㉖〔　　　　　　　　〕），④(㉗〔　　　　　　　　〕），⑤(㉘〔　　　　　　　〕）のように呼ばれる。集団の意思決定に大きな影響を及ぼす人物である(㉙〔　　　　　　　〕）は，(㉕)に含まれることが多い。

▶Step 問題

正答数 ／6問

1 次の(1)〜(5)に最も関係の深いものを解答群から選び，記号で答えなさい。

(1) 仲の良い友達の持っているリュックサックと同じリュックサックを購入した。

(2) 複数の具体的目標を満たしながら，目標状態(理想)に近づいていく。

(3) ノートパソコンやスマホには関心が高いが，電球や電池については関心が低い。

(4) 自分のために買うお菓子の包装には関心が低いが，プレゼント用だと関心が高くなる。

(5) 最近，街でよく見かけるスニーカーを購入した。

【解答群】　ア　準拠集団　　イ　製品関与　　ウ　購買状況関与

　　　　　　エ　普及理論　　オ　目標階層構造

(1)		(2)		(3)		(4)		(5)	

2 オピニオン・リーダーについて，「意思決定」「専門知識」「クチコミ」「アーリー・アダプター」という語を用いて，80字程度で説明しなさい。

1 あなたがかつて購買した商品について，購買意思決定過程を考えよう。

（商品）〔　　　　　　　　　　　　　　　　　　〕

1　**問題認識** … あなたが解決したかった問題を書き出そう。

>

2　**情報探索** … 商品の情報について，情報源と内容を書き出そう。

> （内部情報探索）　情報源　　　　内容
>
> （外部情報探索）　情報源　　　　内容

3　**代替品評価** … 代替品を複数書きだし，どのように評価したかを書き出そう。

> （代替品）
>
> （代替品評価）

4　**商品選択** … どの商品をどこで購入したかなどを書き出そう。

>

5　**購買後行動** … 満足か不満か，認知的不協和が生じたか，クチコミを行ったかなどについて，その内容について書き出そう。

>

2 あなたが購買した商品や購買しようと考えている商品についての目標階層構造を分析し，書き出そう。

具体的目標①（　　　　　　　　　　）　　具体的目標②（　　　　　　　　　　）

具体的目標③（　　　　　　　　　　）

〔目標状態〕（　　　　　　　　　　）が欲しい

次の(1)～(24)にあてはまる用語を書きなさい。

1回目□
2回目□ (1)　同じ特徴を持った個々の製品の集まり。　（　　　　　　　　）

□ (2)　消費者が複数のブランドを比較して特定のブランドを選択すること。
（　　　　　　　　）

□ (3)　解決するべき何らかの問題に気づく段階。　（　　　　　　　　）

□ (4)　問題の解決手段に関わる商品情報を探す段階。　（　　　　　　　　）

□ (5)　経験や記憶から問題解決のための情報を探すこと。（　　　　　　　　）

□ (6)　外部情報源から問題解決のための情報を探すこと。（　　　　　　　　）

□ (7)　集められた商品の情報を比較して評価し，特定の選択肢に絞ること。
（　　　　　　　　）

□ (8)　ある属性のマイナス面を他の属性のプラス面で補う評価のルール。
（　　　　　　　　）

□ (9)　属性の良し悪しと属性の重要性により消費者の態度を予測するモデル。
（　　　　　　　　）

□ (10)　ある属性のマイナス面を他の属性のプラス面で補うことをせず評価するルール。　（　　　　　　　　）

□ (11)　実際に商品を購買する段階。
（　　　　　　　　）

□ (12)　選択した商品を購買したいという意欲。　（　　　　　　　　）

□ (13)　購買した商品を消費する段階。
（　　　　　　　　）

□ (14)　顧客が持つ，商品などに対する愛着。
（　　　　　　　　）

□ (15)　商品購買前の期待水準と購買後の成果水準から満足度を説明するモデル。
（　　　　　　　　）

□ (16)　人が自身の中で矛盾する情報を同時に抱えた状態時に覚える不快感。
（　　　　　　　　）

□ (17)　消費者が目標状態に到達するための行動の強さを決める概念。
（　　　　　　　　）

□ (18)　人間の基本的欲求は五つの階層構造になっているという説。
（　　　　　　　　）

□ (19)　消費者の目標における階層構造。
（　　　　　　　　）

□ (20)　消費者の，商品などに対する長期的全体的な評価。　（　　　　　　　　）

□ (21)　消費者が商品に関心を示す程度。
（　　　　　　　　）

□ (22)　商品購買に消費者同士が影響し合うという考え方。　（　　　　　　　　）

□ (23)　消費者の評価や行動に影響を与える他者の集まり。　（　　　　　　　　）

□ (24)　集団の意思決定に大きな影響を及ぼす人物。
（　　　　　　　　）

2章
消費者行動の理解

▲アプリは
こちらから

アプリでほかの問題にもチャレンジしてみよう！

25

1節 市場調査の概要

教科書 p.44〜45

● 要点整理

正答数 ／13問

教科書の内容についてまとめた次の文章の（　　）にあてはまる語句を書きなさい。

1 市場調査とは

教科書 p.44

Check!

商品や消費者をはじめとした市場に関する情報について，組織的にデータを収集，記録，報告することを（①　　　　　　　）という。このような市場を消費者の集まりとして調べる調査は（②　　　　　　　　　）と呼ばれ，環境分析を含めた企業が行う調査の総称は（③　　　　　　　　）と呼ばれる。

2 市場調査の種類

教科書 p45

Check!

市場調査は（④　　　　　　　）を利用する調査と，（⑤　　　　　　　）の二つがある。

（④）とはすでに存在する資料であり，（⑥　　　　　　　）や（⑦　　　　　　　）などの企業内部にある（⑧　　　　　　　）と，政府発行の（⑨　　　　　　　）や金融機関や業界団体が公表する（⑩　　　　　　　）などの（⑪　　　　　　　）がある。

（⑤）では，企業が自ら対象を調べてデータを新しく収集する。結果を数値化せず記録する（⑫　　　　　　　）と，結果を数値化して記録する（⑬　　　　　　　）がある。

▶ Step 問題

正答数 ／6問

1 次の(1)〜(5)のうち，条件にあてはまるものにはAを，それ以外にはBを書きなさい。

● 条件　市場調査に利用する既存資料のうち，内部資料であるもの

(1) 金融機関の統計データ　(2) 財務諸表　(3) 顧客データ　(4) 国勢調査　(5) 白書

(1)		(2)		(3)		(4)		(5)	

2 市場調査（マーケット・リサーチ）とマーケティング・リサーチの違いについて，「市場」「消費者」「環境分析」という語を用いて100字程度で説明しなさい。

2節 市場調査の手順

● 要点整理

正答数　／10問

教科書の内容についてまとめた次の文章の（　　）にあてはまる語句を書きなさい。

市場調査は一般的に，時系列では①(①　　　　　　　　　)，②(②　　　　　　　　)，

③(③　　　　　　　)という三つの段階を踏んで実施していく。

①(①)…現在の状況をできる限り客観的かつ具体的に観察し把握するのが(①)である。市場

や企業，他社の現状などが対象となる。主に(④　　　　　　　　　　)を行

うが，(⑤　　　　　　　　)も使って出来る限り具体的に現状を把握する。

②(②)…把握した現状をもとに，なぜそのような状況（結果）になっているのかという，

(⑥　　　　　　)を導き出すのが(②)である。導き出された(⑥)を(⑦　　　　　　　)と

いう。(⑦)では，「Xが原因でYという結果が生じている」という(⑧　　　　　　　)を

示す。

③(③)…(⑦)が合っているかどうかを確認するのが(③)である。まず(⑨　　　　　　　)を

行った後，(⑩　　　　　　　)を行う。

▶Step問題

正答数　／5問

1 市場調査の手順を示した下記の図の（　　）にあてはまる語句を解答群から選び，記号で答えなさい。💡

① 　（　　(1)　　）	…	客観的かつ具体的に現状を把握

⇩

② 　（　　(2)　　）	…	調査仮説の設定

⇩

③ 　（　　(3)　　）	…	調査仮説の検証

③—1 （　　(4)　　）

⇩

③—2 （　　(5)　　）

【解答群】　ア　予備調査　　イ　現状把握　　ウ　仮説検証

　　　　　　エ　本調査　　　オ　仮説導出

(1)		(2)		(3)		(4)		(5)	

3節 仮説検証の手順

教科書 p.47〜49

要点整理

正答数 ／21問

教科書の内容についてまとめた次の文章の（　　　）にあてはまる語句を書きなさい。

1 予備調査

教科書 p47

Check!

仮説検証は，ひとまず少数の対象に調査を実施する（① 　　　　　　　）によって，調査仮説を絞り込むことが多い。（①）は（② 　　　　　　　）または（③ 　　　　　　）とも呼ばれ，この調査で使われる対象には，企業の従業員や企業から期間限定で協力を依頼された（④ 　　　　　　　　）などが含まれる。（④）を対象とした調査は（⑤ 　　　　　　　）と呼ばれる。

2 本調査

教科書 p.47〜48

Check!

調査仮設が絞り込まれた後に行われる本格的な調査を（⑥ 　　　　　　　）という。

1）調査計画の立案

調査目的の確認，（⑦ 　　　　　　）の設定，調査対象の選定，調査方法の選択，調査時期の決定，担当者の決定，予算の検討などを行う。

2）データの収集

社内で行うか外部に委託するか，データ収集の確認を行う。

3）データの集計と統計解析

収集されたデータを質問項目ごとに計算する（⑧ 　　　　　　　），質問項目同士の関係を探る（⑨ 　　　　　　）などを行う。このように集計されたデータを，統計学を基に検証することを（⑩ 　　　　　）という。

4）仮説の確認…調査仮説が正しいかの確認，検討などを行う。

5）調査結果の報告…報告書を作成し，既存資料として保存する。

3 調査対象の選定

教科書 p.49

Check!

調査対象を選ぶ方法は（⑪ 　　　　　　）と（⑫ 　　　　　　）に分けられる。

1）全数調査

（⑪）とは，選定された母集団を全て調べる方法である。母集団が比較的小規模で，調査中に変化しない場合に用いられる。

2）標本調査

（⑫）とは，母集団を代表するような（⑬ 　　　　　）を選び出し調べる方法である。（⑬）を選びだすことを（⑭ 　　　　　　）という。費用や時間の節約が可能である。

（⑭）には，調査者が意図的に標本を抽出する（⑮　　　　　　　　）と，意図的でない（⑯　　　　　　　　　　）がある。（⑯）には複数の種類があり，母集団に一連の番号をつけ，（⑰　　　　　　　　）などにより標本を抽出する（⑱　　　　　　　　　　），番号をつけ，一定間隔で標本を抽出していく（⑲　　　　　　　　　　　　），母集団をいくつかのグループ（層）に分け，各層の割合に応じて抽出する（⑳　　　　　　　　）がある。これらの抽出法を何回か繰り返して行う方法を（㉑　　　　　　　　）という。

▶Step 問題

正答数　　／10問

1 次の各文の下線部が正しい場合は〇を，誤っている場合は正しい語句を書きなさい。

(1)　企業から期間限定で協力を依頼された調査対象を<u>オピニオン・リーダー</u>という。

(2)　調査対象となる集団全体のことを<u>母集団</u>という。

(3)　調査対象となる集団全てを調査する方法を<u>標本調査</u>という。

(4)　調査者の都合や意図により標本を抽出する方法を<u>無作為抽出法</u>という。

(5)　集団全体をいくつかの層に分け，各層の割合に応じて抽出方法を<u>多段抽出法</u>という。

(1)		(2)		(3)	
(4)		(5)			

2 A高校は1クラス40名，1学年5クラス，全校生徒600名の学校で，男女比は4：6である。A高校において120人の標本抽出を行う際の，(1)～(5)の抽出法に最も関係の深いものを解答群から選び，記号で答えなさい。

(1)　全校生徒に1番から600番までの番号をつけ，乱数表により120人を選び出した。

(2)　全校生徒に1番から600番までの番号をつけ，サイコロの目によって最初の標本を3番とし，続いて，8番，13番，18番と5人間隔で120人を選び出した。

(3)　調査者の都合で1年2組と1年5組，2年4組の全生徒，合計120人を選び出した。

(4)　各クラス8名を無作為に抽出することで，各学年の割合が同じになるように，合計120人を選び出した。

(5)　各クラスから出席番号が偶数である生徒20人，合計300人を選び出し，その300人から，くじ引きにより男子から48人，女子から72人，合計120人を選び出した。

【解答群】　ア　有意抽出法　　イ　単純無作為抽出法　　ウ　系統的抽出法
　　　　　　エ　層化抽出法　　オ　多段抽出法

(1)		(2)		(3)		(4)		(5)	

4節 実態調査の方法

教科書 p.50〜54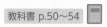

● 要点整理

正答数　　／27問

教科書の内容についてまとめた次の文章の（　　　）にあてはまる語句を書きなさい。

Check!

1 定性調査とは

教科書 p.50

調査対象から具体的な内容を聞き出し，それらを（①　　　　　　　　）せず記録する調査方法を（②　　　　　　　　）という。

Check!

2 定性調査の種類

教科書 p.50〜51

1）観察法

調査しようとする事実が起きている場所へ出かけて，直接目で見てデータを集める方法を（③　　　　　　　）という。

① 参与観察

調査者自らが対象の一員として参加することで，調べようとしている事実のデータを得る（③）を（④　　　　　　　　）という。調査者と対象が親密な関係を築くことが重要とされる。この関係を（⑤　　　　　　　）という。

② 統制的観察

前もって手続きを厳格化して調査を行う観察法を（⑥　　　　　　　　）という。（⑦　　　　　　　　）や（⑧　　　　　　　　）がその一例である。

2）インタビュー法

対象となる人々に，調査者自ら質問し回答を得ることによってデータを集める方法を，（⑨　　　　　　　　）という。

（⑨）には，あらかじめ質問を決めて実施される（⑩　　　　　　　　　　　）と，事前に質問を決めない（⑪　　　　　　　　　　　）がある。その中間の形式を（⑫　　　　　　　　）という。

また，（⑨）には，個人を相手に時間をかけて行う（⑬　　　　　　　　　　　）と，複数の人々を相手にする（⑭　　　　　　　　　　　）がある。

Check!

3 定量調査とは

教科書 p.52

調査対象に関する多くのデータを集め，それらを数値化して記録する調査方法のことを，（⑮　　　　　　　　）という。

4 定量調査の種類

Check!

1）アンケート

（⑯　　　　　　　　）とは，回答者が（⑰　　　　　　　　）を読んで回答することでデータを集める方法である。（⑱　　　　　　　　）とも呼ばれ，主に以下の方法がある。

（⑲　　　　　　　　）…　質問票を郵送して回答を求める方法である。（⑳　　　　　　　　）が低い場合も多い。

（㉑　　　　　　　　）…　調査員が電話をかけ，質問を読み上げて回答を求める方法である。コンピュータで乱数計算して電話をかける方法は（㉒　　　　　　　　）方式と呼ばれる。

（㉓　　　　　　　　）と（㉔　　　　　　　　）…　㉓とは，調査員が直接会って，その場で質問票の解答を求める方法であり，㉔は渡した質問票を後日，回収する方法である。

（㉕　　　　　　　　）…　インターネットを利用して質問票を配り回答を求める方法である。

2）実験

効率の良い実験計画を立てる（㉖　　　　　　　　）や，地域や場所を限定して販売し，消費者の反応を見る（㉗　　　　　　　　）などがある。

▶Step 問題

正答数　　／9問

1 次の各文の下線部が正しい場合は〇を，誤っている場合は正しい語句を書きなさい。

(1)　事前に質問を決めずに実施するインタビュー法を構造化インタビューという。

(2)　複数の人々を相手にするインタビュー法をデプス・インタビューという。

(3)　コンピュータで乱数計算して電話をかける調査方式をRDD方式という。

(4)　調査対象者に質問票を渡し，後日，回答を回収する方法を面接法という。

(5)　地域を限定した先行販売で消費者の反応を見る実験を，マス・マーケティングという。

(1)		(2)		(3)	
(4)		(5)			

2 定性調査と定量調査の，メリットとデメリットをそれぞれ書きなさい。

定性調査　（メリット）：
　　　　　（デメリット）：

定量調査　（メリット）：
　　　　　（デメリット）：

1 市場調査の手法を用い，身近な問いに関する現状把握と仮説導出，仮説検証について
考えよう。

(1)　例を参考に，身近な問いを決定しよう。

〔例〕　○○部の部員数，○○検定の合格者数，選択科目の選択者数

自転車通学の生徒数，就職希望者数，制服や体育着などの販売数　など

(2)　決定した問いについて，3年分以上の過去のデータを収集しよう。

(3)　決定した問いに関係がありそうなデータを三つ考え，書き出そう。

(4)　(3)で書き出したデータについて，3年分以上の過去のデータを収集しよう。

(5)　(1)で考えた問いについて，調査仮説を「X（原因）が強くなる（多くなる）ほどY（結果）
が生じやすい」という因果関係で書き出そう。

(6)　(5)で考えた調査仮説を検証するための調査計画を考えてみよう。どのような調査をす
ればよいか，対象や方法などを書き出そう。

記入欄

	(1)	(3)−①	(3)−②	(3)−③
年	(2)	(4)	(4)	(4)
年	(2)	(4)	(4)	(4)
年	(2)	(4)	(4)	(4)
年	(2)	(4)	(4)	(4)
年	(2)	(4)	(4)	(4)

(5)　**調査仮説**

(6)　**調査計画**

次の(1)～(25)にあてはまる用語を書きなさい。

1回目
2回目
☐(1)　市場に関する情報について，組織的にデータを収集，記録，報告すること。
（　　　　　　）

☐(2)　環境分析などを含んだ，企業が行う調査の総称。
（　　　　　　）

☐(3)　企業自ら対象を調べてデータを収集する調査。（　　　　　　）

☐(4)　市場調査で，現在の状況を客観的に把握すること。（　　　　　　）

☐(5)　把握した現状をもとに，仮説を導き出すこと。（　　　　　　）

☐(6)　把握した現状をもとに導き出された仮説。（　　　　　　）

☐(7)　導き出された仮説を，さらなる調査で検証する段階。（　　　　　　）

☐(8)　少数の対象に調査を実施する仮説検証の第一段階。（　　　　　　）

☐(9)　企業から調査の協力を依頼された消費者。（　　　　　　）

☐(10)　仮説検証の中心となる本格的な調査。（　　　　　　）

☐(11)　調査対象となる集団全体のこと。
（　　　　　　）

☐(12)　単純集計した，二つの質問項目の関係を示すこと。（　　　　　　）

☐(13)　収集されたデータを検証すること。
（　　　　　　）

☐(14)　選定された調査集団全てを調べる調査方法。　　　（　　　　　　）

☐(15)　選定された調査集団を代表するような集団の一部分を調査する方法。
（　　　　　　）

☐(16)　全体の中から取り出して観察や調査を行う一部分。（　　　　　　）

☐(17)　意図的に調査を行う一部分を抽出する方法。　　（　　　　　　）

☐(18)　確率が等しくなるように調査を行う一部分を抽出する方法。
（　　　　　　）

☐(19)　調査対象から具体的な内容を聞き出し数値化せず記録する調査方法。
（　　　　　　）

☐(20)　直接目で見てデータを集める調査方法。　　　　（　　　　　　）

☐(21)　調査者が対象の一員となってデータを得る方法。　（　　　　　　）

☐(22)　調査者自ら質問し，データを集める方法。（　　　　　　）

☐(23)　調査対象に関する多くのデータを集め，それらを数値化して記録する調査方法。　　　（　　　　　　）

☐(24)　対象が自然な行動をとるために心がける，調査者と対象の親密な関係。
（　　　　　　）

☐(25)　地域を限定して販売し，消費者の反応を探る実験。
（　　　　　　）

3 章

市場調査

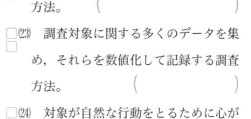
▲アプリは
こちらから

アプリでほかの問題にもチャレンジしてみよう！

1節 セグメンテーション

教科書 p.62～65

● 要点整理

正答数　　／20問

教科書の内容についてまとめた次の文章の(　　　)にあてはまる語句を書きなさい。

マーケティングは,「マーケット」という言葉が元であるように,(①　　　　　　)を対象にした活動である。マーケティングを実施する前段階として,市場調査で収集したデータを活用しながら(②　　　　　　)を行う。②の手順は,(③　　　　　　　　),(④　　　　　　),(⑤　　　　　　　　)という三段階で行われる。

1 セグメンテーションの概要

教科書 p.63

Check!

(③)は(⑥　　　　　　　　)ともいい,ニーズに基づいて消費者を分類する作業である。細分化された一つひとつの市場を(⑦　　　　　　　　)という。

(③)をする理由は,消費者ニーズの(⑧　　　　　　　)が背景にある。(⑧)する消費者のニーズに,製品やサービスを一つひとつ合わせるためには,多大な(⑨　　　　　)や膨大な(⑩　　　　　)などのコストが必要になる。

そこで,ニーズが似ている消費者の集まりである(⑦)を把握し,その(⑦)のニーズを満たす製品やサービスをつくれば,効率的に(⑪　　　　　　　　)を高めることができる。

2 セグメンテーションをするための変数

教科書 p.64

Check!

1) 人口統計的変数(デモグラフィック変数)

(⑫　　　　　　　　)には,年齢や性別,家族構成,職業,学歴などがある。客観的に(⑬　　　　　)で分類することが可能なため,最も頻繁に用いられる変数である。

2) 心理的変数(サイコグラフィック変数)

(⑭　　　　　　　)には,趣味や嗜好,価値観,(⑮　　　　　　　　)などがある。消費者の(⑯　　　　　)な好みであるため,規模が測定しにくい。

3 セグメンテーションが有効になる条件

教科書 p.65

Check!

①(⑰　　　　　　　)…(⑦)の規模を測定することが可能か。

②(⑱　　　　　　　)…(⑦)における消費者の数や質が十分で利益の確保が可能か。

③(⑲　　　　　　　)…(⑦)の消費者が購入できる場所に製品を届けたり,広告などでメッセージを届けたりすることが可能か。

④(⑳　　　　　　　)…(⑦)に対してマーケティングが実行可能か。

上記の四つの条件にあてはまるかどうかが,(③)が有効になるためには重要になる。

▶Step 問題

1 次の⑴～⑸が人口統計的変数（デモグラフィック変数）に分類される場合はAを，心理的変数（サイコグラフィック変数）に分類される場合はBを書きなさい。

⑴ ○○高校に通う17歳の高校生

⑵ 休みの日はフットサルを楽しむスポーツ好き

⑶ ○○大学の経済学部経済学科を卒業した

⑷ 父・母・長女・長男・次女の五人家族

⑸ エコバックを持ち歩くなど環境に優しい生活を送っている

⑴		⑵		⑶		⑷		⑸	

2 次の文章の下線部⑴～⑸の意味するものを解答群から選び，記号で答えなさい。

　女性向けのお菓子を多く製造しているA社は新商品の開発にあたり，女性市場を⑴「10代の運動部に所属する女子高生」とさらに細分化した。開発に着手する前に，⑵市場調査のアンケート結果やさまざまな連盟の加盟人数などを調査してその規模を把握することで，⑶十分な人数の消費者がいることを確認することができた。販売に関しては，⑷部活帰りの生徒が多く立ち寄るコンビニエンスストアを中心とし，女子高生に人気の有名プロスポーツ選手を起用したCMを制作することで多くの女子高生の目に留まると考えた。またA社は，⑸事前に新商品に関するアンケートを実施したり，テスト販売をしたりした結果が好評であったため，新商品の開発に本格的に着手した。

【解答群】　ア　到達可能性　　イ　測定可能性　　ウ　セグメント
　　　　　　エ　実行可能性　　オ　利益可能性

⑴		⑵		⑶		⑷		⑸	

3 セグメンテーション（市場細分化）をする理由を，80字程度で説明しなさい。

2節 ターゲティング

教科書 p.66〜68

● 要点整理

正答数 　　／17問

教科書の内容についてまとめた次の文章の(　　　)にあてはまる語句を書きなさい。

1 ターゲティングの概要

教科書 p.66

Check!

マーケティングの対象にする(① 　　　　　　　　　)を決めることをターゲティングといい, 対象となった(①), または消費者を(② 　　　　　　　　　)という。

(②)の設定によって, 実行されるマーケティングは変わる。例えば, 高校生が(②)であれば, 通学途中にある(③ 　　　　　　　　　)に商品を置き, いつも持ち歩くスマートフォンのアプリに(④ 　　　　　　)を配信することなどが有効なマーケティングになる。高齢者が(②)であれば, 食品を買いに行く(⑤ 　　　　　　　　　)に商品を置き, (⑥ 　　　　　　)にチラシを入れて配布することなどが有効になる。このように, マーケティングを実行するためには, (②)を(⑦ 　　　　　　)に設定しなければならない。

2 ターゲティングの意義と注意点

教科書 p.67〜68

Check!

1)ターゲティングの意義

ターゲティングによって, (⑧ 　　　　　　)どのような(⑨ 　　　　　　)を満たす製品やサービスを提供すればよいのかが明確になり, (②)にとって(⑩ 　　　　　　)な製品やサービスを開発するという(⑪ 　　　　　　)がはっきりする。ターゲットが明確になれば, (⑫ 　　　　　　)や販売場所, (⑬ 　　　　　　)も特定することができる。

2)ターゲティングをする際の注意点

ターゲットを明確に絞ることは, ターゲット以外の消費者には, その製品やサービスの魅力がないと感じられてしまい, (⑭ 　　　　　　)されない可能性がある。そのため, セグメントの(⑮ 　　　　　　)が低いと売上が少なく, 十分な(⑯ 　　　　　　)を生み出すことができなくなってしまう。(②)を明確に設定して, その(⑨)に特化した製品やサービスを提供することは, (②)以外の消費者を失う(⑰ 　　　　　　)があることも念頭に置いておく必要がある。

1 次の文章の ☐ にあてはまるものを解答群から選び，記号で答えなさい。

　マーケティングの対象にするセグメントを決めることをターゲティングといい，対象に
なったセグメントまたは消費者を (1) という。例えば， (2) がターゲットであれば，
コンビニエンスストアに商品を置き，スマートフォンのアプリにクーポンを配信すること
が有効なマーケティングになる。ただし， (3) にターゲットが変われば，有効なマーケ
ティングも変わる。また，ターゲットが明確になれば， (4) や販売場所などを特定する
ことができるが，ターゲットを明確に絞ることで，ターゲット以外の消費者を (5) リス
クがあることも念頭に置いておく必要がある。

【解答群】　ア　高校生　　イ　失う　　ウ　ターゲット　　エ　価格　　オ　高齢者

(1)		(2)		(3)		(4)		(5)	

2 次の(1)〜(5)に最も関係の深いものを解答群から選び，記号で答えなさい。

(1)　A社は経営資源が豊富なため，ノートやペン，消しゴムなどあらゆる世代が使うさま
　　ざまな文具を製造，販売している。

(2)　B社は老若男女問わず，あらゆる世代を対象にして洋服を製造，販売している。

(3)　C社は楽器を製造しつつ，ネットワーク機器やゴルフ商品なども製造，販売している。

(4)　D社はデザインに共感するファンがいるため，そのファンをターゲットにしてさまざ
　　まな電子機器を販売している。

(5)　E社はディスプレイ技術を強みにして，高価格のテレビを製造，販売している。

【解答群】　ア　市場専門化型　　イ　選択的専門化型　　ウ　集中型
　　　　　　エ　製品専門化型　　オ　フルカバレッジ型（全方位型）

(1)		(2)		(3)		(4)		(5)	

3 教科書p.66の事例におけるS社は，ターゲットをどのように変更することでパックご
飯をヒット商品にすることができたか，50字程度で説明しなさい。

3節 ポジショニング

教科書 p.69〜71

要点整理

正答数 ／17問

教科書の内容についてまとめた次の文章の（　　）にあてはまる語句を書きなさい。

1 ポジショニングの概要

Check!

教科書 p.69

ポジショニングとは，製品やサービスに対する消費者の（①　　　　　　　）を決めることである。（②　　　　　　　）が異なると，同じ製品でも（①）が異なる。3万円のバッグは，高校生にとっては「（③　　　　　　　）」だが，社会人にとっては高級ブランドに比べれば「（④　　　　　　　）」という（①）になる。そのため，（②）に合わせた（①）を構築する必要がある。

製品やサービス，またはブランドの（①）をマーケティング計画の（⑤　　　　　　　）で決めることは重要だが，その（①）を消費者に伝えて定着させるためには（⑥　　　　　　　）したマーケティングの実施が必要になる。

2 ポジショニング・マップの作成

Check!

教科書 p.70

製品やサービスのポジションを決める際には，（⑦　　　　　　　　　　　　）を作成するとよい。（⑦）には，（⑧　　　　　　　）の製品やサービスも加えて，自社の（①）の位置づけを行うことで，自社と（⑧）との（①）の（⑨　　　　　　　）を鮮明にすることができる。

3 創造的なポジショニング

Check!

教科書 p.71

製品やサービスの（①）が（⑧）と重なると，（⑩　　　　　　　　）ができなくなる。その結果，（⑪　　　　　　　　）になり，利益を生み出すことが（⑫　　　　　　　）なってしまう。

（⑦）を作成する目的は，（⑧）の製品やサービスと（⑬　　　　　　　）位置どりをすることである。つまり，マップ上に「（⑭　　　　　　　）」を探すことが必要になる。

（⑭）探しでは，さまざまな製品やサービスの合間を縫って小さな隙間を探すことが一つの手段である。しかし，より重要なのは，（⑦）の軸に（⑮　　　　　　　）な言葉をあてはめて，（⑧）がまったくいないような（⑭）を見つける，（⑯　　　　　　　　　　　）をとることである。競争相手がいなければ，自社の製品やサービスは，独自の（①）を消費者の心に構築することができるという（⑰　　　　　　　）を獲得できる。

▶Step 問題

正答数　　／11問

1 ポジショニング・マップの作成手順について，⑴〜⑸にあてはまるものを解答群から選び，記号で答えなさい。

(1)　→　(2)　→　(3)　→　(4)　→　(5)

【解答群】

ア　競合企業の商品も自社と同様にマップに配置する。

イ　x軸とy軸の片方の端に自社の製品やサービスのイメージに合致する言葉を記述する。

ウ　四つの象限のうち，目指すイメージに自社の製品やサービスを位置づける。

エ　x軸とy軸を引き，四つの象限をつくる。

オ　x軸とy軸のもう片方の端に，対照的な言葉を記述する。必ずしも反対語である必要はない。

(1)		(2)		(3)		(4)		(5)	

2 次の各文の下線部が正しい場合は〇を，誤っている場合は正しい語句を書きなさい。

⑴　製品やサービスのイメージが重なると差別化ができなくなる。

⑵　製品のイメージを転換することをポジショニングという。

⑶　ポジショニング・マップを作成する目的は，競合企業の製品やサービスと重なる位置どりをすることである。

⑷　模倣的なポジショニングをとることで，独自のイメージを消費者の心に構築できる。

⑸　差別化ができないと，結果的に価格競争となり，利益を生み出すことが難しくなる。

(1)		(2)		(3)	
(4)		(5)			

3 教科書p.71の事例におけるU社のグミは，どのような新たな軸で創造的なポジショニングをとることができたか，80字程度で記述しなさい。

39

❶ あなたのクラスの生徒を5〜10人ほどの人数になるように地理的変数で細分化し，それぞれのセグメントを書き出そう。

❷ テレビCMやインターネット広告などを見て，高校生をターゲットとしていると考えた企業や商品を書き出そう。

❸ ②で挙げた企業や商品の売上をさらに伸ばすために新たなターゲットを設定するとしたら，どのようなターゲットが良いか考えよう。

❹ ②で挙げた企業や商品の売上をさらに伸ばすためにリポジショニングをするとしたら，どのようにすると良いか考えよう。

次の(1)〜(19)にあてはまる用語を書きなさい。

1回目 □(1)　セグメンテーション，ターゲティン
2回目 □　　 グ，ポジショニングという三段階の手
　　　　　 順で行われる作業。　（　　　　　　　）

□(2)　同じ製品を全ての消費者に向けて販
□　　 売すること。
　　　　　　　　　　（　　　　　　　）

□(3)　STPの第一段階。市場細分化ともい
□　　 う。　　（　　　　　　　）

□(4)　細分化された一つひとつの市場。
□　　　　　　　　　　（　　　　　　　）

□(5)　顧客一人ひとりに合わせて個別に対
□　　 応するマーケティング。
　　（　　　　　　　　　　　　）

□(6)　セグメンテーションの際の，データ
□　　 で客観的に分類することが可能な変数。
　　　　（　　　　　　　　　）

□(7)　セグメンテーションの際の，趣味や
□　　 嗜好，価値観，ライフスタイルなど市
　　　　 場調査によるデータなどで把握する必
　　　　 要のある変数。（　　　　　　　）

□(8)　セグメンテーションの際の，住んで
□　　 いる地域や場所，人口規模などの変数。
　　　　　　　　　（　　　　　　　）

□(9)　セグメンテーションの際の，宗教や
□　　 文化，人種などの変数。
　　　　　　　（　　　　　　　）

□(10)　セグメンテーションの際の，購買頻
□　　 度，使用量などの変数。
　　　　　　（　　　　　　　）

□(11)　セグメントを細かく設定するために
□　　 構築された，架空の人物像。
　　　　　（　　　　　　　）

□(12)　マーケティングの対象にするセグメ
□　　 ントを決めること。
　　　　（　　　　　　　）

□(13)　マーケティングの対象となったセグ
□　　 メント。　　（　　　　　　　）

□(14)　製品やサービスに対する消費者のイ
□　　 メージを決めること。
　　　　（　　　　　　　）

□(15)　時代や流行に応じて，製品やサービ
□　　 スのイメージを転換すること。
　　　　（　　　　　　　）

□(16)　製品やサービスのポジションを決め
□　　 る際に用いられるマップ。知覚マップ
　　　　 とも呼ばれる。
　　　（　　　　　　　）

□(17)　製品やサービスのイメージが競合企
□　　 業と重ならないように，他のものと違
　　　　 いをつくること。　（　　　　　　　）

□(18)　差別化されないと起きやすい，利益
□　　 を生み出すことが難しくなる競争。
　　　　（　　　　　　　）

□(19)　ポジショニング・マップの軸に独創
□　　 的な言葉をあてはめて，競合企業の全
　　　　 くいない空き地を見つけること。
　　　（　　　　　　　）

4章
S
T
P

▲アプリは
こちらから

アプリでほかの問題にもチャレンジしてみよう！

1節 製品政策の概要

教科書 p.76〜81

● 要点整理

正答数　／31問

教科書の内容についてまとめた次の文章の(　　　)にあてはまる語句を書きなさい。

1 製品政策の目的

教科書 p.76

Check!

企業が成長し続けるためには，時代に合わせた(①　　　　　　　)に応える製品を供給しなければならない。そのため(②　　　　　　　)によるまったく新しい製品の(③　　　　　)，パッケージを変更する(④　　　　　)，製品のラインナップの(⑤　　　　　)などを行う。(①)を満たす製品をどのように開発し，どのくらい生産するかを考えるのが(⑥　　　　　)の目的である。

2 便益の束

教科書 p.77

Check!

マーケティングでは，消費者は(⑦　　　　　)(ベネフィット)を購入していると考えることが大切である。たとえば，食品を購入するのは，野菜や肉・魚といったもの自体が欲しいからではなく，「空腹を満たすため」であり，消費者は空腹を満たすために食品の(⑧　　　　　)や(⑨　　　　　)を購入しているのである。

マーケティングでは，製品が提供してくれる(⑧)や(⑨)のことを(⑦)という。製品を購入する理由を深く考えると，消費者は「ものとしての製品」が欲しいわけではない。そのためマーケティングでは，製品を(⑩　　　　　)として捉える。これは，一つの製品には複数の(⑦)があることから，(⑪　　　　　)と表現している。

3 マーケティング・マイオピアを避ける

教科書 p.78〜79

Check!

現代では，消費者のニーズを起点としてマーケティングを展開していく。しかし，しばしば企業は，自社が開発した製品に着目し過ぎて，(⑫　　　　　)をおろそかにする(⑬　　　　　)という事態に陥ってしまうことがある。

1）マーケティング・マイオピアの問題点

① 消費者ニーズを見誤る

消費者よりも(⑭　　　　　)にばかり目を向けてしまい，消費者ニーズを見誤ってしまう。例えば，消費者がミントガムを購入しているからといって，「ミントガムをかみたい」という(⑮　　　　　)を持っているわけではない。消費者ニーズは，「眠気を覚ましたい」「口臭を予防したい」と捉えたほうが適切である。

② **競合を狭く捉え過ぎてしまう**

　ライバルとなる(⑯　　　　　　　　　)を狭く考え，いつの間にか(⑰　　　　　　　)を奪われてしまうことにもなる。例えば，あるマンガ作品の単行本の(⑱　　　　　　　)が下がっている理由が，他のマンガ作品に顧客を奪われているためだけだと考えるのは視野が狭い。マンガ作品の(⑲　　　　　　)は他のマンガ作品だけでなく，テレビや映画，音楽，スマートフォンのゲーム，テーマパークといった「(⑳　　　　　　　　　　　　)」を提供する製品や(㉑　　　　　　　)すべてが(⑲)だと考えなければならない。

2）ニーズとウォンツを区別する

　マーケティング・マイオピアを避けるには，製品を便益の束だと考えることが必要である。さらに，何かを欲しい，何かをして欲しいという気持ちである(⑮)と，「(⑮)を満たす具体的なもの」である(㉒　　　　　　　)を区別して考えることが重要である。

4 製品の分類

教科書 p.80〜81

Check!

　製品政策を展開するためには，製品が持つ特徴を分類して把握しておくことが基本となる。

1）製品特性による分類

① **耐久財**

　(㉓　　　　　　　)の使用に耐えることができる製品を(㉔　　　　　　　)という。

② **非耐久財**

　1回や(㉕　　　　　　)の使用で消費されたり，消耗し使用できなくなったりする製品を(㉖　　　　　　　)という。1年以上使用できる場合でも，ノートなど価格が低い製品は(㉖)に分類される。

2）購買慣習による分類

① **最寄品**

　頻繁に購買される(㉗　　　　　　)の製品を(㉘　　　　　　　)という。食料品や日用品があてはまる。

② **買回品**

　複数の店舗を回る労力を使って選ぶ製品を(㉙　　　　　　　)という。洋服や家電製品などがあてはまる。

③ **専門品**

　こだわりの(㉚　　　　　　)製品を(㉛　　　　　　)という。楽器や時計，宝飾品などがあてはまる。

1 次の文章の □ にあてはまるものを解答群から選び，記号で答えなさい。

　企業が成長し続けるためには，時代に合わせた消費者ニーズに応える (1) を供給しなければならない。そのため (2) によるまったく新しい製品の開発，パッケージを変更する (3) ，製品のラインナップの (4) などを行う。消費者ニーズを満たす製品をどのように開発し，どのくらい (5) するかを考えるのが製品政策の目的である。

【解答群】　ア　イノベーション　　イ　生産　　ウ　製品　　エ　追加　　オ　改良

(1)		(2)		(3)		(4)		(5)	

2 次の(1)～(5)のうち，最寄品の特徴にあてはまるもにはAを，買回品の特徴にあてはまるものにはBを，専門品の特徴にあてはまるものにはCを記入しなさい。

(1)　頻繁に購買される低価格の製品。

(2)　複数の店舗を回って購買される製品。

(3)　主に近所のスーパーマーケットやコンビニエンスストアで購買される製品。

(4)　特定の専門店で購買される高額な製品。

(5)　洋服や家電製品などの，やや遠い繁華街や総合スーパーに出向いて購買される製品。

(1)		(2)		(3)		(4)		(5)	

3 便益とは何か，また便益の束について椅子を例にして120字程度で説明しなさい。

2節 新製品開発

教科書 p.82~86

● 要点整理

正答数　／32問

教科書の内容についてまとめた次の文章の(　　)にあてはまる語句を書きなさい。

Check!

1 製品ミックス

教科書 p.82

　企業がつくる製品のバリエーションを(① 　　　　　　　)という。(①)を検討するときには，幅と深さを決めていく。

1)製品ミックスの幅

　製品ミックスの幅とは，(② 　　　　　　　)の数のことである。(②)は，企業が置かれた状況に応じて絞ったり(③ 　　　　　　　)したりする。

2)製品ミックスの深さ

　製品ミックスの深さとは，一つの製品ラインの中にある(④ 　　　　　　　)の数のことである。同じ製品ラインであっても，デザインや価格帯，素材などが異なるさまざまな製品を製造する。異なる(⑤ 　　　　　　　)が付けられて販売されることも多い。

Check!

2 新製品開発の方針

教科書 p.83~84

　新製品開発に関する方針は，(①)と(⑥ 　　　　　　　)の関係から以下の四つに分けることができる。なお，「吸引力が落ちないただ一つの掃除機」を販売するD社や，「行動あるのみ」をスローガンにするN社などの，企業の名前を(⑦ 　　　　　　　)，飲料メーカーA社が発売する乳酸菌飲料Cや，日用品メーカーK社の男性シャンプーSなどの製品の名前を(⑧ 　　　　　　　)という。

(⑨ 　　　　　)	同じ製品カテゴリーの中で，同じ名前を使って新製品を開発していく方針である。
(⑩ 　　　　　)	すでにあるブランドの名称を使って(⑪ 　　　　)製品ラインの新製品を開発する方針である。既存のブランドの名前が広く(⑫ 　　　　)に認知されており，強いブランド力を活用して新製品をつくる。
(⑬ 　　　　　)	(⑭ 　　　　)製品カテゴリー内に，(⑮ 　　　　)のブランドの新製品を開発する方針である。
(⑯ 　　　　　)	新しい(⑰ 　　　　)で，新しいブランドを立ち上げて新製品を開発する方針である

3 新製品開発のプロセス

Check!

新製品開発のプロセスは，以下の6段階に分けられる。

⑱（　　　　　　　）	新製品開発のきっかけはアイディアである。アイディアを（⑲　　　　　　　）するためには流行を見極めたり，消費者の行動を観察したり，（⑳　　　　　　　）のアンケートで消費者の（㉑　　　　　　　）を聞いたりとさまざまな方法がある。
㉒（　　　　　　　）	たくさんのアイディアを，実現可能性や利益が出るかどうかの（㉓　　　　　　　）を検討してアイディアを絞り込むことである。（㉔　　　　　　　　　　　　）は，会議でアイディアをたくさん出す手法としてよく用いられる。
㉕（　　　　　　　）	スクリーニングしたアイディアに基づいて製品コンセプトを開発する。製品コンセプトとは（㉖　　　　　　　）や使用場面，便益などを組み合わせて表現した方向性のことである。
㉗（　　　　　　　）	製品コンセプトを開発したら，プロトタイプと呼ばれている（㉘　　　　　　　）をつくる。（㉘）の製作は一度で終わらず，製作と改善をくり返して，完成品へと近づけていく。
㉙（　　　　　　　）	プロトタイプが完成に近づいたら，実際に消費者に使用してもらって感想を集めたり，地域や場所を（㉚　　　　　　　）して販売して，消費者の反応を見たりする。
㉛（　　　　　　　）	（㉙）を行い消費者から好意的な反応を得たのであれば，（㉜　　　　　　　）を全国に広げるなど新製品を（㉛）する。

▶Step問題

正答数　　　／16問

1 次の(1)〜(5)のうち，製品ミックスの幅にあてはまるものにはAを，製品ミックスの深さにあてはまるものにはBを書きなさい。

(1) A社が販売している，洗濯用洗剤，シャンプー。

(2) A社が販売している，アジエンス，エッセンシャル，メリットといったシャンプー。

(3) 製品ラインの数のこと。

(4) 製品アイテムの数のこと。

(5) 同じ製品ラインで，デザインや価格帯，素材などが異なるさまざまな製品を製造する。

(1)		(2)		(3)		(4)		(5)	

2 次の(1)～(5)に最も関係の深いものを解答群から選び，記号で答えなさい。

(1) 緑茶に用いられていたブランドで，ジャスミン茶やほうじ茶をラインナップに加える。

(2) 青い丸型缶が特徴的なボディークリームのブランドを使って，リップクリームや日焼け止め，洗顔料，ボディーソープといった異なる製品カテゴリーの製品をつくる。

(3) 同じ歯磨き粉でも，虫歯を予防する，歯垢を落とす，口臭をケアする，歯ぐきを引き締めるなど，それぞれ違うブランド名をつけて効果が異なる製品を販売する。

(4) トイレタリーを主力製品とする企業が，特定保健用食品の緑茶を開発したり，蒸気が出るアイマスクを開発したりする。

(5) 企業がつくる製品のバリエーション。

【解答群】 **ア** 製品ミックス **イ** マルチブランド **ウ** 新ブランド
エ ブランド拡張 **オ** ライン拡張

(1)		(2)		(3)		(4)		(5)	

3 新製品開発のプロセスの6段階について，(1)～(5)にあてはまるものを解答群から選び，記号で答えなさい。

(1) → (2) → (3) → (4) → (5) → 市場導入

【解答群】 **ア** アイディア創出 **イ** プロトタイプの製作
ウ コンセプト開発 **エ** テスト・マーケティング
オ アイディア・スクリーニング

(1)		(2)		(3)		(4)		(5)	

4 製品ミックスの「幅」と「深さ」ついて，100字程度で説明しなさい。

3節 販売計画と生産計画

教科書 p.87～90

● 要点整理

正答数　　／30問

教科書の内容についてまとめた次の文章の（　　　）にあてはまる語句を書きなさい。

1 販売計画の立案

教科書 p87

Check!

製品の売上目標を達成して（① 　　　　　）を出すためには，（② 　　　　　）を立案しなくてはならない。（②）を立案することによって，効率的かつ効果的に製品の（③ 　　　　　）を増やすことができる。

1）販売目標の設定

まず，製品の（④ 　　　　　）や販売金額の見込みといった（⑤ 　　　　　）を設定する。どの程度販売すれば（⑥ 　　　　　）を超えて，利益が出るのかという（⑦ 　　　　　）が重要であり，必ず利益が出る目標を設定しなくてはならない。

（⑥）は，「（⑧ 　　　　　）÷（1 － 変動費÷売上高）」で求めることができ，（③）がどの程度あれば利益が出るかの指標となる。

2）販売予算の編成

販売目標の設定の次に，（⑨ 　　　　　）を編成する。特に，製品の販売に関わる，人件費，広告費，販売促進費，旅費交通費，通信費，消耗品費などといった費用である（⑩ 　　　　　）の割合に注意する必要がある。

3）販売目標の割当

販売予算の編成の次には，営業所や営業地域，または個々の（⑪ 　　　　　）に対し，（⑫ 　　　　　）や金額に基づく（⑬ 　　　　　）を割り当てる。

2 販売予測の必要性と考え方

教科書 p.88

Check!

製品がどの程度売れるのかを事前に把握することを（⑭ 　　　　　）という。（⑭）に基づいて，適切な生産数と（⑮ 　　　　　）を確保しておくことが重要である。また，販売数や金額をぴったりあてはまるように（⑯ 　　　　　）するというよりも，上限値と下限値のように予測にある程度の（⑰ 　　　　　）を持たせることが必要である。

3 市場需要を測定する方法

教科書 p.88

Check!

市場需要を測定する方法は以下の二つがある。

（⑱ 　　　　　）の測定	製品の生産量や出荷量といった指標を用いる。
（⑲ 　　　　　）の測定	生産額や販売額といった指標を用いる。

4 売上高を予測する方法

教科書 p.89

Check!

　市場全体の(⑳　　　　　　　　　)を把握したら，自社製品がどの程度売れるのかを予測する。

過去の売上実績に基づいて予測する方法を(㉑　　　　　　　　　)という。

　(㉑)の主な方法には，以下の二つの方法がある。

(㉒　　　　　　　　)	期間を1単位ずつずらしながら平均値を計算して，売上を予測する方法である。
(㉓　　　　　　　　)	前日や前月など直近の売上に「重み付け」を行い，販売予測をする方法である。直近のデータを参考にすることで，予測の(㉔　　　　　　)が上がる。

5 生産計画の立案

教科書 p.90

Check!

　販売計画を立案し需要の予測ができた後は，(㉕　　　　　　　　　)を立案する。これは，

製品をどれだけ(㉖　　　　　　　)するかという計画であり，製品が売れる数である需要と，

自社工場の生産設備と(㉗　　　　　　　)を組み合わせて検討する。

需要に合わせた生産計画	販売が見込まれる数や，売れる時期やタイミングを検討して生産計画を立てる。また，(㉘　　　　　　　　)に応じて生産量を加減する。
(㉙　　　　　　　)に合わせた生産計画	どのような機械があるのかという(㉙)や，人の手で行わなければならない工程があるかという(㉚　　　　　　　)も考慮して(㉕)を立てる。これは，機械を導入することにより大量生産する生産設備や従業員の数やスキル，資金に応じて生産計画を立てる。

▶Step 問題

正答数　　　／23問

1 次の文章の□□□にあてはまるものを解答群から選び，記号で答えなさい。

　損益分岐点とは，　(1)　で求めることができ，売上と費用が　(2)　して，利益も損失もない点である。損益分岐点より販売数量が少なければ　(3)　が出て，販売量が多ければ　(4)　が出る。　(5)　は，売上にかかわらず発生する費用のことで，変動費は，売上の増減によって変化する費用のことである。

【解答群】　ア　一致　　イ　損失　　ウ　固定費÷(1−変動費÷売上高)

　　　　　　エ　利益　　オ　固定費

(1)		(2)		(3)		(4)		(5)	

2 次の文章の ☐ にあてはまるものを解答群から選び，記号で答えなさい。💡

販売予測に基づいて，適切な生産数と在庫数を確保しておくことが必要である。生産数が少なすぎると，品切れが起きて (1) を失う。反対に，生産数が (2) を上回ると，過剰な在庫を抱えることになり， (3) が出る。

■K社の製品別売上（百万円）

	2014年度	2015年度	2016年度	2017年度	2018年度
K社	73,000	78,000	76,000	77,000	84,000

過去3年間の平均で次の年度の売上高を予測する。

移動平均法による2019年度の売上予測・・・ (4)

指数平滑法による2019年度の売上予測　重みづけを「$\alpha = 0.8$」とする。・・・ (5)

【解答群】　ア　損失　　イ　販売機会　　ウ　販売数　　エ　81,952　　オ　79,000

(1)		(2)		(3)		(4)		(5)	

3 次の文章の ☐ にあてはまるものを解答群から選び，記号で答えなさい。

F社のアパレルブランドGでは，定番色の洋服とトレンド色の洋服とで異なる生産計画を立てている。黒，白，ネイビーといった定着色は (1) に左右されにくく，常にある程度の (2) が見込める。そこで，生産コストを抑えるために，B国やV国といった新興国の工場の (3) に生産してもらうように発注する。この場合，閑散期にも仕事が入り安定的に収益が確保できるため，工場は (4) で仕事を請け負ってくれる。一方で，トレンド色については，流行することが確実になってから追加で生産をする。そのため，生産から販売までの (5) が短い。

【解答群】　ア　閑散期　　イ　需要　　ウ　期間　　エ　流行　　オ　低価格

(1)		(2)		(3)		(4)		(5)	

4 販売予測を行う際には，どのような考え方で行うとよいか，「上限値」「下限値」「幅」という語を用いて，60字程度で説明しなさい。✏️

5 次の損益計算書と文章の ▢ にあてはまるものを解答群から選び，記号で答えなさい。

損益計算書 令和X2年4月1日から令和X3年3月31日まで	
【売上高】	1,000
【売上原価】	600
売上総利益	400
【販売費及び一般管理費】	200
(1)	200
【営業外収益】	10
【営業外費用】	60
(2)	150
【特別利益】	0
【特別損失】	50
税引前当期純利益	100
法人税等	40
当期純利益	60

　販売予算を編成する際，製品売上に対する (3) の割合を抑えるほど，効率的な販売活動になる。販売予算を編成した後は， (4) の割当を行う。販売の担当者は，販売数や金額に基づく目標を割当られることで，目標が明確になり， (5) が高まる。

【解答群】　ア　経常利益　　イ　営業利益　　ウ　意欲

　　　　　　エ　販売目標　　オ　販売費及び一般管理費（販管費）

(1)		(2)		(3)		(4)		(5)	

6 生産計画の立案における，①需要に合わせた生産計画で検討する点と，②生産設備に合わせた生産計画で考慮するべき点について，それぞれ30字程度で説明しなさい。

①需要に合わせた生産計画

②生産設備に合わせた生産計画

4節 製品政策の動向

教科書 p.91〜p96

要点整理

正答数 ／33問

教科書の内容についてまとめた次の文章の（　　）にあてはまる語句を書きなさい。

1 ブランド

教科書 p.91〜93

Check!

（①　　　　　　）は，法律的な定義では（②　　　　　　）のことであり，「製品やサービスにつけられる名前やシンボル，マーク」のことである。

1）ブランドの役割と機能

ブランドは，「このブランドを買えば安心だ」といったような（③　　　　　　）としての役割を果たさなければならない。（③）としての（①）は次の三つの機能を持っている。

（④　　　　　）	どの企業がその製品をつくったのかが明示されることで，製造した（⑤　　　　　　）が明確になり，品質などが保証されるという機能である。
（⑥　　　　　）	他の製品との明確な（⑦　　　　　　）を可能にする機能である。
（⑧　　　　　）	消費者にブランドを通じた（⑨　　　　　　）や知識，感情を思い起こさせる機能である。

2）ブランドのつくり方

（⑩　　　　　　）とは，（⑪　　　　　）や（⑫　　　　　　）をブランド化し（⑬　　　　　）をつけることである。（⑩）は次の三段階で行われる。

1 （⑭　　　　　）をつくる

ブランド・ネーム，ロゴ，キャラクター，スローガン，パッケージといったブランドを（⑮　　　　）することである。

2 （⑯　　　　　）を高める

ブランドの名前を知っていることに加え，ブランドをどの程度思い出しやすいか，または真っ先にブランドを思い出してくれるかが重要である。質問に対して，思い浮かべるブランド全体のことを（⑰　　　　　　）といい，最初に思い浮かべるブランドのことを（⑱　　　　　　）という。

3 （⑲　　　　　　）を上げる

ブランドから連想されるイメージや印象を上げる必要がある。（⑲）を良くしたりするためには，広告を出稿するなどのプロモーション政策が有効である。

3）ブランド・ロイヤルティ

あるブランドの製品を購入して満足するということをくり返していると，顧客は特定のブランドに好意的な態度や愛着を持つようになる。こうしたブランドに対する愛着を，（⑳　　　　　　　　　　　）という。（⑳）には以下の三つのメリットがある。

・（㉑　　　　　　　　）の向上

　　製品の性能や機能に満足するだけではなく，好意的な態度や（㉒　　　　　　　）をブランドに対して感じることで，製品に対する満足にブランドに対する満足が付け足され，（㉑）が総合的に高まる。

・（㉓　　　　　　　　　）の増加

　　顧客は特定のブランドに（㉒）を持っていると，同じ製品をくり返し購入する傾向がある。

・良い（㉔　　　　　　　　　）の発信

　　（⑳）が高いと，ブランドは好意的な評価を受けやすく，他の人に紹介や推奨するといった良い（㉔）が起こりやすくなる。

2 共同開発
教科書 p.94

Check!

　企業が，（㉕　　　　　　　　　）や異業種の企業と情報や（㉖　　　　　　　　　）を共有して，製品開発することを（㉗　　　　　　　　　　）という。コンビニエンスストアがメーカーと行う（㉘　　　　　　　　）の開発が典型例である。企業同士が協調して新製品開発を行うと以下の三つのメリットがある。

・研究開発の（㉙　　　　　　）が高まる

　　自社が持っていない専門知識を取り入れられる。

・（㉚　　　　　　　　）で製品開発ができる

　　メーカーが小売業と共同開発すれば，小売業が持っている消費者に関するデータを利用することができ，市場調査の手間が省ける。

・新しい市場に参入する（㉛　　　　　　　　）を減らすことができる

　　コンビニエンスストア単独では市場参入が難しいものでも，共同開発によって知識を共有できるため，失敗の（㉛）を減らすことができる。

　（㉗）に関連して，自社の技術やアイディアを（㉜　　　　　　　　）して他社に利用してもらう，あるいは他社から（㉜）されている技術やアイディアを自社に取り入れて活用するという考え方を，（㉝　　　　　　　　　　　）という。

1 次の(1)～(5)に最も関係の深いものを解答群から選び，記号で答えなさい。

(1)　法律的な定義では商標のこと。

(2)　他の製品との明確な区別を可能にするブランドの機能。

(3)　製品の品質などの責任の所在を明示するブランドの機能。

(4)　「このブランドを買っておけば安心だ」といったようなブランドが果たすべき役割。

(5)　消費者にブランドを通じてイメージや知識・感情を思い起こさせる機能。

【解答群】　ア　信頼の証　　イ　ブランド　　ウ　保証機能

　　　　　　エ　想起機能　　オ　識別機能

(1)		(2)		(3)		(4)		(5)	

2 次の(1)～(5)に最も関係の深いものを解答群から選び，記号で答えなさい。

(1)　好きなカップ麺として，思い浮かぶブランド全体。

(2)　好きなカップ麺として，最初に思い浮かぶブランド。

(3)　ブランド・ネーム，ロゴ，キャラクター，スローガン，パッケージといった要素。

(4)　ブランドから連想されるイメージや印象。

(5)　製品にさらなる価値を付け加えること。

【解答群】　ア　付加価値　　イ　ブランド要素　　ウ　第一想起

　　　　　　エ　想起集合　　オ　ブランド連想

(1)		(2)		(3)		(4)		(5)	

3 次の(1)～(5)のうち，条件にあてはまるものにはAを，それ以外にはBを書きなさい。

●条件　共同開発のメリット

(1)　販売目標の設定ができる　　　　　(4)　ニーズとウォンツが区別できる

(2)　短時間で製品開発ができる　　　　(5)　新しい市場に参入するリスクが減らせる

(3)　研究開発の質が高まる

(1)		(2)		(3)		(4)		(5)	

4 ブランディングの三つの段階について，60字程度で説明しなさい。🖊

5 顧客のブランド・ロイヤルティを高めることのメリットについて，顧客満足が向上する理由を，70字程度で説明しなさい。🖊

6 「パレートの法則」を顧客にあてはめて考えた場合に大切なことは何か，70字程度で説明しなさい。🖊💡

●参照：特集　サービス・ドミナント・ロジック

1 あなたが最近，購入した製品と，購入した目的を書き出そう。

2 ①の製品で，あなたに提供された企業の技能や知識は何か，書き出そう。

3 製品の価値は，企業が意図した使い方とは異なるかたちで，価値共創として消費者が新たにつくることもできます。あなたが100円均一のグッズなどで，本来の使い方とは異なるかたちでアレンジした使い方をしているものを書き出そう。

4 SDロジックの考え方に基づくと，企業は製品を売って終わりではなく，製品を売ってそれに付随するサービスを展開することによってビジネスチャンスが増えます。製品を一つ取り上げて，その製品を軸にどのようなビジネスの広がりがあるか考えよう。

次の(1)〜(22)にあてはまる用語を書きなさい。

1回目□
2回目□　(1)　製品を企画してから製造するまでの

過程。　（　　　　　　　）

□(2)　製品が提供してくれる機能や価値。

（　　　　　　　）

□(3)　何かを欲しい・何かをして欲しいと

いう気持ち。　（　　　　　　　）

□(4)　企業がつくる製品のバリエーショ

ン。　（　　　　　　　）

□(5)　デザインや価格は異なるが，関連性

が高い製品のグループ。

（　　　　　　　）

□(6)　製品ラインを構成する一つひとつの

製品。品目ともいう。

（　　　　　　　）

□(7)　アイディアの絞り込み。

（　　　　　　　）

□(8)　複数の人が集まってグループでアイ

ディアを出す方法。

（　　　　　　　）

□(9)　ターゲットや使用場面，便益などを

組み合わせた製品の方向性。

（　　　　　　　）

□(10)　生産量を決めたり，販売員を適切に

配置したり，小売店に仕入の提案をし

たりする計画。　（　　　　　　　）

□(11)　製品の販売数や販売金額の見込みと

いった目標。　（　　　　　　　）

□(12)　売上と費用が一致して，利益も損失

もない点。　（　　　　　　　）

□(13)　期間を1単位ずつずらしながら平均

値を計算して，売上を予測する方法。

（　　　　　　　）

□(14)　前日や前月など直近の売上に「重み

付け」を行い，販売予測する方法。

（　　　　　　　）

□(15)　製品をどれだけ生産するかという計

画。　（　　　　　　　）

□(16)　「製品やサービスにつけられる名前

やシンボル，マーク」のこと。

（　　　　　　　）

□(17)　ブランドの法律的な定義。

（　　　　　　　）

□(18)　製品やサービスをブランド化するこ

と。　（　　　　　　　）

□(19)　ブランドに対する愛着。

（　　　　　　　）

□(20)　企業が，競合企業や異業種の企業と

情報やアイディアを共有して，製品開

発すること。　（　　　　　　　）

□(21)　自社の技術やアイディアと，他社か

ら公開されている技術やアイディアと

を互いに取り入れて活用する考え方。

（　　　　　　　）

□(22)　製品の価値は，顧客が使ってはじめ

て実現するため，企業は顧客と価値を

共に創っていると考えること。

（　　　　　　　）

5章
製品政策

▲アプリは
こちらから

アプリでほかの問題にもチャレンジしてみよう！

1節 価格政策の概要

教科書 p.98〜100

要点整理

正答数　　／17問

教科書の内容についてまとめた次の文章の(　　　)にあてはまる語句を書きなさい。

Check!

1 価格政策の目的

教科書 p.98

消費者が商品を購入するときに支払う対価を(① 　　　　　　　)といい, 自社の製品やサービスの①を設定する活動のことを, (② 　　　　　　　)という。(②)は, 売上や, (③ 　　　　　　　)に直接影響を与えるため, 企業にとって重要な意思決定の一つである。

Check!

2 価格の種類

教科書 p.99

1)競争価格

需要が増えると価格は(④ 　　　　　　　), 供給が増えると価格は(⑤ 　　　　　　　)。このように需要と供給のバランスによって決まる価格を(⑥ 　　　　　　)という。

2)管理価格

価格は, 常に需要と供給のバランスだけで決まるわけではない。市場シェアの大きい有力企業が存在する場合には(⑦ 　　　　　　　)が形成される。これは有力企業が一定の利益を得られるように設定した価格であり, 一般的に競争価格よりも(⑧ 　　　　)。管理価格の決定権を握る有力企業を(⑨ 　　　　　　　　)ともいう。

3)公定価格と統制価格

医療や介護サービスのように, 政府が決めている価格を(⑩ 　　　　　　　)という。また価格変更に政府や地方自治体の認可が必要な(⑪ 　　　　　　)もある。

Check!

3 消費者にとっての価格

教科書 p.100

1)支出の痛み

価格が高いほど, お金の支払いに対する抵抗感である(⑫ 　　　　　　　)は大きくなる。消費者は⑫を出来る限り感じたくない。そのため, 企業はクーポンを発行したり, セールを実施したりすることで消費者の⑫を(⑬ 　　　　　　), 購買を促す。

2)(⑭ 　　　　　　　　　　　)

価格は品質の良し悪しを示す。一般的には価格が(⑧)ほど(⑮ 　　　　　　)の良い商品だと消費者は判断するため, 企業はその性質を利用して価格設定を行うこともできる。

3)(⑯ 　　　　　　　　　)

プレステージとは名声である。消費者は(⑰ 　　　　　　　)や経済的地位を実感したり他者に示そうとしたりするために, あえて価格の高い商品を購入することがある。

1 次の(1)〜(5)のうち，条件にあてはまるものにはA，それ以外にはBを書きなさい。

●条件　支出の痛みに配慮した価格政策

(1)　「肉の日」を設定して普段の価格よりも安く和牛などを販売した。

(2)　クーポンを発行したり，セールを実施したりして価格を下げ購買を促した。

(3)　ボトル1本15,000円の緑茶を発売して，品質の良い商品であることを消費者に訴求した。

(4)　高級マンゴーなどの贈答品のフルーツなどに，あえて高めの価格を設定し，消費者の自身の名声を高めたいというニーズに応えた。

(5)　駄菓子を製造する企業は子どもが購入しやすい価格を長年に渡って維持し，消費者のニーズに応えている。

(1)		(2)		(3)		(4)		(5)	

2 次の(1)〜(5)に最も関係の深いものを解答群から選び，記号で答えなさい。

(1)　青果や鮮魚などの生鮮食品の価格。

(2)　自動販売機における500mlペットボトルの飲料価格。

(3)　管理価格の決定権を握る有力企業。

(4)　政府が決定する医療・介護サービスの価格。

(5)　価格変更に政府や地方自治体の認可が必要な鉄道やバスの運賃。

【解答群】　ア　管理価格　　イ　統制価格　　ウ　公定価格

　　　　　　エ　競争価格　　オ　プライスリーダー

(1)		(2)		(3)		(4)		(5)	

3 企業にとって価格政策が重要な理由を，50字程度で説明しなさい。

2節 価格の設定方法

教科書 p.101〜108

要点整理

正答数 ／42問

教科書の内容についてまとめた次の文章の(　　　)にあてはまる語句を書きなさい。

Check!

1 コストに基づく価格設定

教科書 p.101

基本的な価格設定の方法として，商品をつくるのにかかったコストに一定の利益額または利益率を上乗せする方法を(① 　　　　　　　　　　)という。

Check!

2 競争に基づく価格設定

教科書 p.102

市場で実際に取引されている競合商品の価格を(② 　　　　　　　　　)という。(②)を意識した価格設定を行い，競合商品との(③ 　　　　　　　　　)の違いを明確にする。

Check!

3 消費者心理に基づく価格設定

教科書 p.102〜103

消費者は，過去の購買経験などに基づいて，さまざまな商品について，それぞれ妥当だと思われる価格帯のイメージを持っている。これを(④ 　　　　　　　　)という。企業は，(⑤ 　　　　　　　　)を通じて消費者が抱いている(④)を適切に把握し価格設定を行う必要がある。消費者心理に基づいた価格設定は，主に以下の二つである。

1)端数価格

「1,980円」や「29,800円」といった半端な価格を(⑥ 　　　　　　　　)という。このような価格を付ける狙いは商品の(⑦ 　　　　　　)感を強調することにある。

2)威光価格

あえて高めの価格に設定することで(⑧ 　　　　　　　　　　)を高めることがある。この価格を(⑨ 　　　　　　)といい，(⑩ 　　　　　　　　)ともいう。消費者からみて(⑪ 　　　　　)の判断がしにくい製品カテゴリーで採用されやすい。

Check!

4 新製品導入時の価格設定

教科書 p.104〜105

1)市場浸透価格(ペネトレーション価格)

市場導入時に，販売量を伸ばし，市場シェアを拡大することを目指して低く設定される価格のことを(⑫ 　　　　　　　　)といい，(⑬ 　　　　　　　　　)ともいう。(⑫)は(⑭ 　　　　　　)が高い場合に用いる。

2)上澄吸収価格(スキミング価格)

市場導入時に，いち早く利益を回収することを目指して高く設定される価格のことを，(⑮ 　　　　　　　)といい，(⑯ 　　　　　　　　)ともいう。富裕層やマニアなど価格に(⑰ 　　　　　)ではない(⑱ 　　　　　　　)が対象の場合に有効である。

他の企業によって模倣されにくく，競争上の(⑲)を維持しやすい商品において有効である。

教科書 p.105〜106

5 製品ミックスを考慮した価格設定

Check!

　企業は売上や利益を(⑳)するために，関連する複数の自社商品をひとまとまりとして価格を設定することもできる。このような製品ミックスを考慮した価格設定には，主に以下の三つがある。

(㉑　　　　)価格	ある製品(㉒　　　　　　)に，複数の価格帯を用意し設定される価格である。消費者にとっては，(㉓　　　　　　)がしやすいというメリットがある。価格は⑪のバロメーターであるため，価格だけで商品の(㉓)が伝わるのである。
(㉔　　　　)価格	航空料金と宿泊料金がセットになった旅行プランのように，いくつかの商品を(㉕　　　　　　)価格を(㉔)価格という。商品を個別に購入するよりも割安になっていることが多い。企業にとっては，不人気商品と(㉖　　　　　　)を組み合わせることによって，不人気商品の(㉗　　　　　　)をさばくことができるといったメリットがある。
(㉘　　　　)価格	同時に使用する商品のうち，どちらか一方の価格を安くまたは(㉙　　　　　)に設定することで消費者をひきつけ，もう一方の商品の販売で(㉚　　　　)が出るように設定される価格を(㉘)価格という。初期費用は(㉛　　　　)設定されているが，追加購入する商品で(㉜　　　　)を上げる構造となっている。

6 価格設定に関する諸制度

Check!

教科書 p.107〜108

　流通業とメーカーとの取引においては，メーカーが流通業の販売価格を決めること((㉝　　　　　　))は，消費者にも(㉞　　　　　)が生じる恐れがあるため，(㉟　　　　　)という法律によって禁止されている。

1）建値制

　自社の意図に近い価格を小売業に設定してもらうために，あらかじめ流通業の利益を見込んだ(㊱　　　　　)や希望卸売価格をメーカーが流通業に提示する方法を，(㊲　　　　　)という。この方法によって，日本のメーカーは流通業の価格設定に影響を与えた。メーカーは㊲を守るために，(㊳　　　　　)を用いた。(㊳)とは，一定期間の取引量などに応じて，流通業に対して支払われる(㊴　　　　　)である。

2）オープン価格制

　メーカーが希望小売価格を提示せずに，価格設定を流通業に委ねる取引の方法である，（㊵　　　　　　　　　）への移行が，1990年代中頃から2000年代前半にかけて急速に進んだ。（㊵）のもとでは，メーカーは希望小売価格を提示せず，価格設定を流通業に委ねる。小売業によって（㊶　　　　　　　）が行われていても，どの程度の（㊶）かが消費者にはわかりにくくなり，メーカーにとっては自社商品の（㊷　　　　　　　　　　）の低下を防ぐことができるといったメリットがある。

▶Step問題

正答数　　　／28問

1　次の文章の◻︎にあてはまる語句や数字を書きなさい。

　コストに基づく価格設定の方法に　(1)　がある。次の例に基づいてそれぞれ計算すること。ただし，ここでは機械と材料にかかる費用だけを考慮することとする。

例）洋服を製造するのに必要な機械を400万円で購入したとする。加えて，洋服1着あたりの材料費として800円がかかる。洋服を2万着製造した場合に，洋服1着あたりの総コストは　(4)　円になる。ここに，25%の利益を乗せると，販売価格は　(6)　円になる。

①機械の費用を洋服1着あたりで考えると,400万円÷　(2)　着＝　(3)　円

②洋服1着あたりの総コストは,800円＋　(3)　円＝　(4)　円

③洋服1着あたりの利益は,　(4)　円×0.25＝　(5)　円

④洋服1着あたりの販売価格は，総コスト　(4)　円＋利益　(5)　円＝　(6)　円

(1)		(2)		(3)	
(4)		(5)		(6)	

2　次の下線部が正しい場合は〇を，誤っている場合は正しい語句を書きなさい。

(1)　顧客の価格に対する敏感さを測る指標を需要の価格弾力性という。

(2)　市場で実際に取引されている競合商品の価格を参照価格という。

(3)　コストに一定の利益を上乗せする方法をコスト・プラス法という。

(4)　いつも安定して低価格で商品を提供する方法をハイ・ロー・プライシングという。

(5)　他の企業によって模倣されにくく，競争上の優位性を維持しやすい商品に有効な価格を市場浸透価格という。

(1)		(2)		(3)	
(4)				(5)	

3 次の下線部が正しい場合は〇を，誤っている場合は正しい語句を書きなさい。

(1) うな重の「松（特上）」「竹（上）」「梅（並）」のように複数の価格帯を用意し，設定される価格を統制価格という。

(2) 上澄吸収価格は，価格弾力性が高い場合に用いる価格設定である。

(3) 航空料金と宿泊料金がセットになった旅行プランのように，いくつかの商品を組み合わせた価格をバンドリング価格という。

(4) プリンタとインクカートリッジなどのように，初期費用は安く設定され，追加購入する商品で利益を上げる価格を実勢価格という。

(5) 消費者から見て品質の判断がしにくい商品に採用されやすい，プレステージ性を高める価格を慣習価格という。

(1)		(2)	
(3)		(4)	
(5)			

4 次の下線部が正しい場合は〇を，誤っている場合は正しい語句を書きなさい。

(1) 再販売価格維持行為は書籍や雑誌などの一部の商品では認められている。

(2) 一定期間の取引量などに応じて支払われる販売奨励金のことをリベートという。

(3) 流通業間の競争が妨げられて小売価格が高どまりし，ひいては消費者にも不利益が生じることを防ぐために定められている法律を景品表示法という。

(4) コストに基づく価格設定には，コスト・プラス法のほかにも移動平均法の分析に基づいた方法がある。

(5) メーカーは希望小売価格を提示せず，価格設定を流通業に委ねる。これを価格交渉方式という。

(1)		(2)	
(3)		(4)	
(5)			

6章
価格政策

5 次の(1)〜(5)のうち，市場浸透価格の特徴にあてはまるものにはＡを，上澄吸収価格の特徴にあてはまるものにはＢを記入しなさい。

(1) 富裕層やマニアなど，価格に敏感ではない場合，この価格が有効である。

(2) 他の企業に模倣されにくく，競争上の優位性を維持しやすい商品において有効である。

(3) 価格弾力性が高い場合に用いる。

(4) 市場シェアを伸ばすことを目的に設定される価格。

(5) スキミング価格ともいう。

(1)		(2)		(3)		(4)		(5)	

6 キャプティブ価格とはどのような価格設定か，70字程度で説明しなさい。

7 市場浸透価格はどのような場合に採用されやすいか，「価格弾力性」「新製品」「セグメント」を用いて，70字程度で説明しなさい。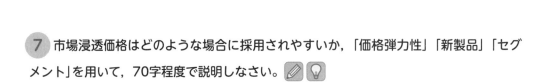

3節 価格政策の動向

教科書 p.109〜112

● 要点整理

正答数 ／26問

教科書の内容についてまとめた次の文章の（　　　）にあてはまる語句を書きなさい。

Check!

1 価格設定の新展開

教科書 p.109〜110

1）フリーミアム

当初は無料でサービスを提供し気に入ったら（①　　　　　　）をしてもらう価格設定の方法を，（②　　　　　　　　）という。フリー（無料）とプレミアム（割増）を合わせた造語である。

2）サブスクリプション

映画や音楽などのコンテンツでのサービスが代表的な，商品の（③　　　　　　　）に応じて課金する価格設定の方法を，（④　　　　　　　　　　）という。最近では，自動車や家具，洋服，紙おむつなどの（⑤　　　　　　）や飲食店でも取り入れられている。

3）ダイナミック・プライシング

（⑥　　　　　　）の状況などに応じて，臨機応変に価格を変更する価格設定の方法を，（⑦　　　　　　　　　　）という。航空会社やホテルでは従来から導入されてきた。

4）ペイ・ワット・ユー・ウォント方式

企業ではなく，消費者が支払う価格を（⑧　　　　　　）に決める価格設定の方法を，（⑨　　　　　　　　　　）という。

5）価格交渉方式

ネットオークションやフリマアプリにおける（⑩　　　　　　）の取引など，消費者が他の消費者から商品を購入する取引において，商品の売り手である出品者と商品の買い手である購入者との間で価格交渉を行う価格設定の方法を（⑪　　　　　　　　）という。

2 キャッシュレス決済の新展開

教科書 p.111

Check!

キャッシュレス決済とは，（⑫　　　　　　）以外の手段で決済することである。

1）キャッシュレス決済の普及状況

日本は諸外国と比較し，キャッシュレス決済の普及率が（⑬　　　　　　）。要因としては，（⑭　　　　　　　　）の費用や，（⑮　　　　　　　）の高さなどが挙げられる。

2）キャッシュレス決済の手段

キャッシュレス決済の手段は，（⑯　　　　　　　　　　），（⑰　　　　　　　　　　），（⑱　　　　　　　　　　）の三つに分類することができる。

① 接触型決済

（⑯）とは，店頭に設置された専用端末に（⑲　　　　　　　　　　）を差し込み，カードに内蔵されたICチップを読み取ることで支払う決済手段である。

② 非接触型決済

（⑰）とは，ICチップが内蔵されたカードまたはスマートフォンを（⑳　　　　　　　　　　）することで支払う決済手段である。

③ コード型決済

（⑱）とは，顧客がスマートフォンの画面に表示した（㉑　　　　　　　　　　）やバーコードを専用端末で読み取る，もしくは，店頭に掲載されている（㉑）を，顧客がスマートフォンで読み取る決済手段である。

3）キャッシュレス決済のメリット

キャッシュレス決済には複数のメリットがある。現金を扱う業務から店員が解放されることで，（㉒　　　　　　　　　　）が向上する。また，集めた決済情報を（㉓　　　　　　　　　　）することによって，魅力的な（㉔　　　　　　　　　　）を開発したり，品揃えを（㉕　　　　　　　　　　）したりすることも期待できる。

4）キャッシュレス決済を導入する際の注意点

キャッシュレス決済を導入する際は，決済情報が漏洩しないよう，万全の（㉖　　　　　　　　　　）を行う必要がある。

▶Step問題

正答数　　　／12問

1 次の(1)～(5)のうち，条件にあてはまるものにはAを，それ以外にはBを書きなさい。

●条件　ダイナミック・プライシングの特徴

(1) 無料で利用できるが，課金することで利用可能なサービスが追加される。

(2) 自動車や家具，洋服などの消費財でも近年導入されている。

(3) 航空会社の座席料金やホテルの宿泊料金では従来から導入されてきた。

(4) ストリートライブや大道芸などで見られる投げ銭が特徴的である。

(5) 近年ではテーマパークやスポーツ観戦のチケット代などへも導入が進んでいる。

(1)		(2)		(3)		(4)		(5)	

2 次の各文の下線部が正しい場合は○を，誤っている場合は正しい語句を書きなさい。

(1) 非接触型決済の代表的な例はクレジットカードである。

(2) タッチ決済とは，ICチップが内蔵されたカードまたはスマートフォンをタッチすることで支払う手段である。

(3) キャッシュレス決済を導入する際には，万全の風評被害対策を行う必要がある。

(4) コード決済とは，消費者コードを顧客がスマートフォンで読み取る決済手段である。

(5) キャッシュレス決済のメリットは，紙の値札を扱う業務から解放され，生産性が向上したり魅力的な商品開発などに注力できることである。

(1)		(2)		(3)	
(4)		(5)			

3 下のグラフ「世界各国のキャッシュレス決済の普及率（2020年）」に関して，教科書 p.111も参考に日本の普及率が上がらない理由を60字程度で説明しなさい。

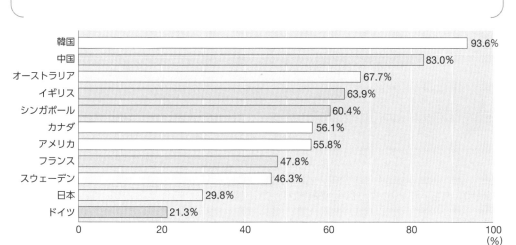

韓国　93.6%
中国　83.0%
オーストラリア　67.7%
イギリス　63.9%
シンガポール　60.4%
カナダ　56.1%
アメリカ　55.8%
フランス　47.8%
スウェーデン　46.3%
日本　29.8%
ドイツ　21.3%

（0　20　40　60　80　100（%））

※一般社団法人キャッシュレス推進協議会「キャッシュレス・ロードマップ2022」より作成。

4 コード型決済が近年徐々に普及している理由を，40字程度で説明しなさい。

1 あなたが知っている近隣のお店の，具体的な価格政策を書き出そう。

2 サブスクリプションやダイナミック・プライシングといった価格政策を導入している
サービスを調べ，具体的な内容を書き出そう。

3 ②の価格政策により，どのような効果がうまれているかを小売店，消費者の視点から
考えよう。

4 近隣のお店にどのような価格政策が新たに導入されたら利用したい，購入したいと思
うかを考えよう。

次の(1)〜(22)にあてはまる用語を書きなさい。

1回目☐(1)　需要が増えると上がり，供給が増え
2回目☐　ると下がる価格。（　　　　　　　）

☐(2)　管理価格の決定権を握る有力企業。
☐　　　　　　（　　　　　　　）

☐(3)　お金の支払いに対して消費者が抱く
☐　抵抗感。　（　　　　　　　）

☐(4)　価格で品質の良し悪しを判断するこ
☐　と。　　　（　　　　　　　）

☐(5)　消費者が価格の高い商品を購入し，
☐　自分の社会的地位などを実感したりす
　る，価格が持つ意味の一つ。
　　　　　　（　　　　　　　）

☐(6)　商品をつくるのにかかったコストに
☐　一定の利益額または利益率を上乗せす
　る方法。（　　　　　　　）

☐(7)　市場で実際に取引されている競合商
☐　品の価格。（　　　　　　　）

☐(8)　消費者が商品について妥当だと思う
☐　価格帯。　（　　　　　　　）

☐(9)　「1,980円」等といった半端な価格。
☐　　　　　　（　　　　　　　）

☐(10)　あえて高めの価格に設定をして，プ
☐　レステージ性を高めた価格。
　　　　　　（　　　　　　　）

☐(11)　社会的に定着した価格。
☐　　　　　　（　　　　　　　）

☐(12)　市場導入時に，市場シェアを拡大す
☐　ることを目指して低く設定される価
　格。　　　（　　　　　　　）

☐(13)　市場導入時に，いち早く利益を回収
☐　することを目指して高く設定される価
　格。　　　（　　　　　　　）

☐(14)　ある製品カテゴリーに，複数の価格
☐　帯を用意し，設定される価格。
　　　　　　（　　　　　　　）

☐(15)　いくつかの商品を組み合わせた価
☐　格。　　　（　　　　　　　）

☐(16)　一方の商品の価格を安く設定するこ
☐　とで消費者をひきつけ，もう一方の商
　品販売で利益が出るように設定される
　価格。　　（　　　　　　　）

☐(17)　当初は無料でサービスを提供し，気
☐　に入ったら課金してもらう価格設定。
　　　　　　（　　　　　　　）

☐(18)　商品の利用期間により課金する価格
☐　設定。　　（　　　　　　　）

☐(19)　需要の状況などに応じて，臨機応変
☐　に価格を変更する価格設定。
　　　　　　（　　　　　　　）

☐(20)　企業ではなく消費者が支払う価格を
☐　自由に決める価格設定。
　　　　　　（　　　　　　　）

☐(21)　商品の売り手である出品者と，商品
☐　の買い手である購入者との間で行われ
　る価格設定。（　　　　　　　）

☐(22)　ICチップが内蔵されたカードまた
☐　はスマートフォンをタッチすることで
　支払う決済手段。
　　　　　　（　　　　　　　）

▲アプリはこちらから

アプリでほかの問題にもチャレンジしてみよう！

1節 チャネル政策の概要

教科書 p.114〜115

● 要点整理

正答数 　／9問

教科書の内容についてまとめた次の文章の（　　　）にあてはまる語句を書きなさい。

（①　　　　　　　　　　　）とは，消費者が購入する場所に自社製品を届けるために，メーカーが製品を販売するための（②　　　　　　　　　　）を検討する活動である。

Check!

1 直接流通と間接流通

教科書 p.114

チャネル政策は，メーカーが消費者に直接販売する（③　　　　　　　　　　）と流通業を経由して消費者に販売する（④　　　　　　　　　）という二つの方策に分けられる。流通業はその販売先が誰であるかによって，消費者に販売する（⑤　　　　　　　　　）と消費者以外に販売する（⑥　　　　　　　　）に分けられる。

Check!

2 流通の機能

教科書 p.115

生産と消費を繋ぐ流通には，売り手から買い手へ所有権が移転する取引の流れである（⑦　　　　　　），所有権が移転しない物理的な流れである（⑧　　　　　　　），情報がやり取りされる流れである（⑨　　　　　　）などの機能がある。

▶Step問題

正答数 　／9問

1 教科書p.115を参考に，次のイラストの（　　　）にあてはまる語句を書きなさい。

| 商流 | メーカー | （①　　　　　） | （②　　　　　） | 消費者 |

| 物流 | メーカー（工場） | （③（トラック）） | （④（営業倉庫）） | （⑤（営業所）） | （⑥（店舗）） | 消費者（自宅） |

| 情報流 | メーカー | （⑦　　　　）広告製作会社 | （⑧　　　　） | 消費者 |

2 メーカーが間接流通を選択する理由を，20字程度で説明しなさい。

2節 チャネルの選択と管理

教科書 p.116〜121

要点整理

正答数 　／27問

教科書の内容についてまとめた次の文章の(　　　)にあてはまる語句を書きなさい。

1 チャネルの長さと取引回数

教科書 p.116〜117

Check!

チャネルの長さとは，物理的な距離ではなく，取引が行われた段階の数のことである。小規模な生産者が全国に点在する場合は収集や分散の過程が必要となるため，チャネルが(①　　　　　　　)なる。一方，メーカーが大量生産を行っていると，(②　　　　　　　)の過程が不要になり，チャネルが(③　　　　　　　)なる。

製品によっては，何段階かの卸売業を経て小売業に至る場合もある。このとき生産者に近いものから(④　　　　　　　)，(⑤　　　　　　　)，(⑥　　　　　　　)と呼ばれる。

1）取引回数の削減

間接流通において，生産者と消費者の中間に入るのが(⑦　　　　　　　)である。(⑦)が取引を集約することで，直接流通に比べて取引回数が(⑧　　　　　　　)できる。

2）消費財と生産財のチャネル

企業と消費者((⑨　　　　　　　))で売買される製品であり，消費者が購入する製品を(⑩　　　　　　　)という。また企業と企業((⑪　　　　　　　))で売買される製品であり，企業などが購入する製品を(⑫　　　　　　　)という。

消費者はさまざまな場所で生活しており，また一度に必要とする量が少ないため，特定の工場から全国各地の消費者へ向けて，製品を少量に分散して流通する。そのため，(⑨)のチャネルは(⑬　　　　　　　)となりやすい。

企業は一度に大量の製品を購入することが多く，流通業を経由せず，直接取引を行うこともある。そのため，(⑪)のチャネルは(⑭　　　　　　　)となりやすい。

2 チャネルの選択

教科書 p.118〜119

Check!

チャネルは，自社製品を取り扱う流通業の数を限定するかしないかによって三つに分かれる。チャネルの選択は販売する製品の性質によって異なる。

1）排他的チャネルの選択

メーカーが流通業に対して，他社製品の取り扱いを基本的に認めないチャネルのことを，(⑮　　　　　　　)という。価格の維持やブランド・イメージのコントロールに適しており，高級ブランド品や自動車などの販売で採用されることが多い。

2）選択的チャネルの選択

　メーカーが流通業に対して他社製品の取り扱いを認める一方で，自社製品にふさわしい流通業かどうかを選択して取引を行うチャネルを（⑯　　　　　　　　）という。店舗の雰囲気や接客サービスが重要なファッション製品など，買回品や専門品の販売で採用されることが多い。

3）開放的チャネルの選択

　メーカーができる限り多くの流通業に自社製品を取り扱ってもらうため，他社製品の取り扱いを認め，基本的に流通業の自由とするチャネルを（⑰　　　　　　　　）という。食料品や日用雑貨品といった最寄品の販売で採用されることが多い。

教科書 p.120～121

3 チャネルの管理

Check!

　メーカーが流通業に対して，自社に有利となるようなチャネルを構築し，管理することを（⑱　　　　　　　　）という。

1）チャネル管理の必要性

　メーカーと流通業は自社の売上を最大化する方法が異なるため，メーカーは，流通業を思うようにコントロールできない。

　小売業の場合，（⑲　　　　　　　）や（⑳　　　　　　　）しやすい品揃えになっていることが重要であるため,さまざまなメーカーの製品を品揃えする必要がある。一方,メーカーは多くの自社製品が並んでいることが望ましい。

　メーカーが自社製品の販売に有利となる（㉑　　　　　　　）をつくるためには，流通業からの協力を得られるような⑱をする必要がある。

2）チャネル管理の方法

1 直接的な働きかけ

　（㉒　　　　　　　　）の提供や，（㉓　　　　　　　　）による金銭的な手段などが用いられる。一方，協力しない小売業には（㉔　　　　　　　　）の取り扱いを制限するなど，交渉力を発揮して，流通業の商品の取扱意欲をコントロールしようとする。

　㉔に対して，人気が無く店頭での動きが悪い製品を（㉕　　　　　　　　）という。

2 間接的な働きかけ

　メーカーは，（㉖　　　　　　　）などの手段を用いて消費者に製品を知ってもらうことで，（㉗　　　　　　　　）してもらえるような状況をつくる。小売業はその製品に対する取扱意欲が強くなり，メーカーに対して弱い立場になる。

▶Step 問題

1 次の(1)〜(5)に最も関係の深いものを解答群から選び，記号で答えなさい。

(1) 長いチャネル　　　　　　【解答群】　**ア** 高級ブランド品や自動車のチャネル

(2) 短いチャネル　　　　　　　　　　　　**イ** 買回品や専門品のチャネル

(3) 排他的チャネル　　　　　　　　　　　**ウ** 収集や分散が必要な消費財のチャネル

(4) 選択的チャネル　　　　　　　　　　　**エ** 大量販売が必要な最寄品のチャネル

(5) 開放的チャネル　　　　　　　　　　　**オ** 直接取引が多い生産財のチャネル

(1)		(2)		(3)		(4)		(5)	

2 教科書p.116の流通業による取引回数の削減の図を参考に，下記の図に取引を示す線を記入し，それぞれの条件での取引回数を求めなさい。

(1)卸売業がいない場合
（メーカー3人，小売業5人）

メーカー　　　　　　　　　　小売業

(2)卸売業がいる場合
（メーカー3人，卸売業1人，小売業5人）

メーカー　　卸売業　　　　小売業

(1)卸売業がいない場合	回	(2)卸売業がいる場合	回

3 教科書p.118の事例を参考に，家電メーカーが排他的チャネルを選択する理由を，「室内への設置」，「継続的なメンテナンス」，「系列店」という語を用いて，60字程度で説明しなさい。

3節 チャネル政策の動向

教科書 p.122〜128

要点整理

正答数 ／26問

教科書の内容についてまとめた次の文章の（　　　　）にあてはまる語句を記入しなさい。

Check!

1 ICTの進展

教科書 p.122〜123

1）POSシステム

ICTの進展により導入された（①　　　　　　　　　）は，チャネル政策に最も大きな影響を与えた。（①）は，（②　　　　　　　）を（③　　　　　　）のレベルで管理することのできるシステムである。小売業のレジ作業の効率化にもつながり，今日では多くの小売業において利用されている。

2）EOSとEDI

コンピュータ・ネットワークを利用して，メーカーと流通業など，取引先同士がオンラインで受発注を行うシステムを，（④　　　　　　）という。

また，受発注だけでなく在庫状況や代金請求などといった，取引に関係する多様なデータを交換するシステムを，（⑤　　　　　　）という。

3）ICタグ

ICチップが埋め込まれた値札や荷札を（⑥　　　　　　　）（電子タグ）という。無線による自動識別システムである（⑦　　　　　　）を用いて，非接触で情報を読み取ることができる。

Check!

2 製販連携の進展

教科書 p.124〜126

原材料の生産者や完成品のメーカーから，卸売業や小売業までの企業が連携をする，（⑧　　　　　　　）によって，さまざまな取り組みが進められている。

1）サプライ・チェーン・マネジメント（SCM）

商品供給に関わるさまざまな活動の連鎖を（⑨　　　　　　　　）という。（⑩　　　　　　　　）（（⑪　　　　　　））とは，この連鎖において，物の動きを適切に管理しようとする考え方のことである。

2）カテゴリー・マネジメント

サプライ・チェーンを構成する企業間が協力することによって，より魅力的な売り場を展開することが可能となる。メーカーが，取引先である流通業と協働して行う売り場づくりの活動を（⑫　　　　　　　　）という。

3）SPA

小売段階から商品企画，生産，物流まで，商品供給に関わるすべての活動を1社で統合して展開する経営形態を（⑬　　　　　　　　　）という。その中で，特にアパレルの（⑬）を（⑭　　　　　　　　）という。

4）PB商品の展開

流通業がメーカーに生産を委託し，自社のブランドで展開する商品がある。これを，（⑮　　　　　　　　）（（⑯　　　　　　　　　　　　　　））という。低価格での販売を実現することのほか，競合する小売業との品揃えの（⑰　　　　　　　　）に有効である。特に，高価格で展開される品質を向上させた（⑮）を（⑱　　　　　　　　　　　　）という。

メーカーが展開し，全国的に販売されているブランドの商品を，（⑲　　　　　　　　　）（（⑳　　　　　　　　　　　　　　））という。

3 インターネット通販の進展

教科書 p.127〜128

Check!

インターネットを活用した通信販売を（㉑　　　　　　　　　　　　　）という。

（㉑）は，広義には，ネットオークションやフリマアプリなども含み，（㉒　　　　　　　）や（㉓　　　　　　　　　）ともいう。

1）インターネット通販の成長

（㉑）はスマートフォンの出現以降，さらに急速に市場規模を成長させている。Webサイト上の仮想の店舗に対し，現実に存在する店舗を（㉔　　　　　　　　）（リアル）という。（㉑）と（㉔）での販売の大きな違いは現実の店舗の有無である。（㉑）は商圏という地理的な制約にとらわれず，地球規模の巨大な市場にアプローチすることができる。

2）インターネット通販の新展開

インターネット通販の急速な成長は，（㉔）にも変革を迫っている。消費者はインターネット通販を意味する「ネット」か，実店舗を意味する「リアル」という二者択一の買い物をするわけではなく，そのときに応じた望ましい手段を選んでいる。

近年，あらゆる販路という意味の（㉕　　　　　　　　　　　　）という用語が使われる。店舗やインターネットなどを含む自社のさまざまな販路を，継ぎ目無く繋ぎ，これまでできなかった新たな買い物体験を提供しようという考え方である。

（㉕）は，企業によって多様な展開が可能である。「近くの実店舗へ商品を見に行き，ネットの安い店で買う」といった購買行動を（㉖　　　　　　　　　　）という。実店舗が単なるショールーム化してしまうというネガティブな意味で使われることが多いが，積極的にリアルをショールーム化させるというポジティブな発想も可能である。

1 次の(1)〜(5)に最も関係の深いものを解答群から選び，記号で答えなさい。

(1) POSシステム　(2) EOS　(3) EDI　(4) ICタグ　(5)RFID

【解答群】　ア　販売時点情報管理システム　　イ　電子的受発注システム

　　　　　　ウ　無線による自動識別システム　　エ　電子データ交換　　オ　電子タグ

(1)		(2)		(3)		(4)		(5)	

2 次の各文の下線部が正しい場合は〇を，誤っている場合は正しい語句を書きなさい。

(1) 受発注だけでなく在庫状況や代金請求などの，取引に関する多様なデータを交換するシステムを<u>EOS</u>という。

(2) 無線によって，ICタグを読み取り，非接触でさまざまな情報を読み取るシステムのことを<u>バーコードスキャナ</u>という。

(3) 商品供給に関わるさまざまな活動の連鎖を<u>デマンド・チェーン</u>という。

(4) 小売業の売り場づくりをメーカーが援助する活動を<u>カテゴリー・マネジメント</u>という。

(5) <u>SCM</u>とは，本来は生産から小売りまで行うアパレルの製造小売業を指すが，今日では，家具や日用雑貨などの分野の製造小売業も指すようになった。

(1)		(2)		(3)	
(4)		(5)			

3 次の各文の下線部が正しい場合は〇を，誤っている場合は正しい語句を書きなさい。

(1) ネットオークションやフリマアプリのような消費者間の取引を<u>BtoC</u>という。

(2) インターネット通販を「ネット」というのに対し，実店舗のことを「<u>ハード</u>」という。

(3) さまざまな販路を組み合わせる<u>開放的チャネル</u>という手法が注目されている。

(4) すべての商取引市場規模に対するインターネット通販の割合を<u>EC化率</u>という。

(5) 実店舗で商品を確認して，ネットで買う購買行動を<u>ウィンドウショッピング</u>という。

(1)		(2)		(3)	
(4)		(5)			

4 次の文章の（　　）にあてはまる語句を解答群から選び，記号で答えなさい。

　完成品のメーカーは多数の部品メーカーから部品を購入する。部品メーカーも他の部品メーカーや素材メーカーから部品や素材を購入する。このように，一つの商品が完成するまでには，多くの企業が複雑な鎖のように結びついている。このような結びつきを（　①　）という。（①）内のそれぞれの企業が独自の計画で活動をすると，生産過剰による不良在庫や売れ残り，生産不足による欠品などが発生する。このような状況を解決するために，小売業の（　②　）やメーカーの（　③　）などといった各企業のリアルタイムのデータを，（　④　）などを活用して共有することで，（①）における物の動きを適切に管理し，最適な生産量や生産時期を実現する取り組みを（　⑤　）という。

【解答群】　ア　POSデータ　　　　　イ　EDI　　ウ　生産計画
　　　　　　エ　サプライ・チェーン　　オ　サプライ・チェーン・マネジメント

①		②		③		④		⑤	

5 SPAのメリットについて，「自社の店舗」「情報」「市場」「消費者」という語を用いて，100字程度で説明しなさい。

6 オムニチャネルについて，「ネット」「リアル」「販路」という語を用いて，80字程度で説明しなさい。

1 原材料や部品などの不足によりサプライ・チェーンが寸断され，供給不足になった商品を調べよう。そして，その原材料や部品などが不足した原因を調べよう。

> （商品）
> （原材料や部品）
> （原因）

2 SPAと思われる企業を一つ選び，その企業の商品と比較購買される商品を製造するメーカーを一つ考えよう。そして，SPAの商品の強みや魅力，イメージなどを自由に書き出そう。

> （SPAの企業）
> （比較する企業）
> （強みや魅力，イメージ）

3 コンビニエンスストアなどで販売されている，カップ麺やスナック菓子などのPB商品を一つ選び，比較購買されるNB商品を一つ考えよう。そして，それぞれの商品について，価格や強み，イメージなどを自由に書き出そう。

> （PB商品）
>
> （NB商品）

4 「ネット」と「リアル」が組み合わされたオムニチャネルの事例を書き出そう。

>

5 あなたやあなたの周囲の人が行ったショールーミングについて，①商品，②訪れた実店舗，③実際に購入したインターネット通販店舗を書き出そう。

> ①
> ②
> ③

次の(1)〜(25)にあてはまる用語を書きなさい。

1回目□
2回目□
(1)　さまざまな「もの」が流れる経路。流通経路。（　　　　　）

□
(2)　メーカーが消費者に直接販売すること。（　　　　　）

□
(3)　メーカーが流通業に対して他社製品の取り扱いを認めないチャネル。（　　　　　）

□
(4)　メーカーが自社製品にふさわしいと判断した流通業とのみ取引を行うチャネル。（　　　　　）

□
(5)　メーカーが流通業を特定しないチャネル。（　　　　　）

□
(6)　メーカーが，自社に有利となるようなチャネルを構築し，管理すること。（　　　　　）

□
(7)　同時に消費する製品を一緒に購買すること。（　　　　　）

□
(8)　異なる製品を比較検討して購買すること。（　　　　　）

□
(9)　メーカーが小売業を支援するさまざまな活動。（　　　　　）

□
(10)　欲しいと思う商品を名指しで購買すること。（　　　　　）

□
(11)　取引先同士がオンラインで受発注を行うシステム。（　　　　　）

□
(12)　取引に関する多様なデータを交換するシステム。（　　　　　）

□
(13)　ICチップが埋め込まれた値札や荷札。（　　　　　）

□
(14)　ICタグなどを，無線により自動識別するシステム。（　　　　　）

□
(15)　原材料や部品の段階から，最終的な消費に至るまでの一連のプロセス。（　　　　　）

□
(16)　(15)の適切な管理を目指す考え方。（　　　　　）

□
(17)　メーカーが流通業と協働して行う売り場づくり。（　　　　　）

□
(18)　企画，生産，物流，販売など，すべての活動を1社で展開する経営形態。（　　　　　）

□
(19)　流通業がメーカーに生産を委託し，自社ブランドで展開する商品。（　　　　　）

□
(20)　メーカーが展開する，全国的に販売されている商品。（　　　　　）

□
(21)　インターネットを活用した通信販売。（　　　　　）

□
(22)　実際に存在する商品を販売する店舗。（　　　　　）

□
(23)　(22)や(22)での売買を表すときに用いるカタカナ3文字。（　　　　　）

□
(24)　店舗やインターネットなど，自社のさまざまな販路を繋げようとする経営手法。（　　　　　）

□
(25)　実店舗で商品を見て，ネットの店舗でその商品を買うという購買行動。（　　　　　）

7章 チャネル政策

▲アプリはこちらから

アプリでほかの問題にもチャレンジしてみよう！

1節 プロモーション政策の概要 教科書 p.130〜131

● 要点整理

正答数 ／16問

教科書の内容についてまとめた次の文章の（　　　　）にあてはまる語句を書きなさい。

プロモーション政策とは，消費者と（①　　　　　　　　　　）をとって販売を促

進する一連の活動である。

1 具体的なプロモーション

教科書 p.130〜131

Check!

具体的なプロモーションは，四つの種類がある。（②　　　　　　　），（③　　　　　　　），

（④　　　　　　　　　　），（⑤　　　　　　　）である。

今日のプロモーション政策では，企業から消費者への一方向的な（①）だけでは十分では

なく，（⑥　　　　　　　　　　）による消費者同士の（①）への対応も必要である。

2 プロモーションへの消費者の反応

教科書 p.131

Check!

プロモーションの目的は，最終的に消費者に商品を（⑦　　　　　　　）してもらうことで

ある。商品の（⑦）までにはいくつかの段階を踏んだ（①）が必要になる。

1）AIDMA

（⑧　　　　　　　　）とは，消費者は情報に対して，（⑨　　　　　　　）（Attention）をし，

（⑩　　　　　　）（Interest）を持ち，欲しいという（⑪　　　　　　　）（Desire）を抱いて，

（⑫　　　　　　）（Memory）をしておき，最後に（⑦）という（⑬　　　　　　　）（Action）を

起こすと考えるモデルである。

2）AISAS

（⑭　　　　　　　　）とは，消費者は情報に対して，（⑨）をし（⑩）を持つと，（⑮　　　　　　　）

（Search）をしてさらに情報を集め，（⑦）という（⑬）を起こした後，買ったものの評価など

を他の消費者と（⑯　　　　　　）（Share）をすると考えるモデルである。

▶Step問題

正答数 ／5問

1 次の(1)〜(5)のうち，条件にあてはまるものにはAを，それ以外にはBを書きなさい。

●条件　AIDMAにおいて消費者が踏む段階

(1) 検索　　(2) 注目　　(3) 共有　　(4) 行動　　(5) 記憶

(1)		(2)		(3)		(4)		(5)	

2節 プロモーションの種類(1)

教科書 p.132〜141

● 要点整理

正答数 ／87問

教科書の内容についてまとめた次の文章の（　）にあてはまる語句を書きなさい。

Check!

1 広告

教科書 p.132〜137

広告とは，媒体（（①　　　　　　　　　）を（②　　　　　　　）で利用して商品や企業，ブランドといったさまざまな情報を広く消費者に伝達する活動である。情報伝達によって広告が果たす機能は，以下の四つである。

①（③　　　　　　　　　）…広告を見てもらうことで商品に対する消費者の需要をつくり出して，販売を促進する機能がある。

②（④　　　　　　　　　）…広告やブランドに対する好意的な態度を形成したり，商品の性能に納得したりしてもらう機能がある。

③（⑤　　　　　　　　　）…商品やブランドに対するイメージを形成する機能がある。表現の仕方や起用している有名人によって，若い女性向け，中高年女性向け，ファミリー向けといったようにイメージを変えることができる。

④（⑥　　　　　　　　　）…流行を生み出したりライフスタイルの提案をしたりする機能がある。

1）メディアの種類と特徴

① テレビ

テレビは，（⑦　　　　　　　）に（⑧　　　　　　　）の視聴者に広告を届けることができる。テレビで放送される広告は（⑨　　　　　　　）と呼ばれ，それには番組の中で流れる（⑩　　　　　　　）と番組と番組の間に流れる（⑪　　　　　　　）がある。

② ラジオ

ラジオは，（⑫　　　　　　　）のみで情報を伝えるメディアである。（⑫）だけのため，聴取者の（⑬　　　　　　　）を引き出すための表現が求められる。自動車を運転しながら，仕事や勉強をしながらなど「（⑭　　　　　　　）」が特徴的である。

③ 新聞

新聞は，（⑮　　　　　　　）のため，情報の（⑯　　　　　　　）が高いメディアである。（⑰　　　　　　　）している世帯が多く，確実かつ定期的に情報を伝えることができる。また新聞では，政治，経済，社会，文化，国際，スポーツなどのような，紙面の（⑱　　　　　　　）に合わせたテーマを設定した広告が掲載される。

4　雑誌

　雑誌は，(⑲　　　　　　　　　)が高くテーマも多様であり，特定の狭いターゲットに情報を届けることに強みを持つメディアである。1冊ごとに消費者がお金を支払って購入するため，(⑳　　　　　　　　　)が高く詳細な記事も読んでもらいやすい。

5　インターネット

　インターネットは，(㉑　　　　　　　　　)にさまざまな形で広告を表示するメディアである。消費者がどの程度(㉒　　　　　　　　　)したのかなど，広告の効果が見えやすい。

6　OOH

　(㉓　　　　　　　　　)とは，ビルや店舗の壁や窓に貼られるポスターや大型ビジョンなどの広告である。通行している人の目に触れるよう大型サイズのものが多い。電車やバス，タクシー，飛行機などといった公共交通機関および駅や空港に出稿する広告のことを，(㉔　　　　　　　　　)という。出稿する地域に応じて展開できるため，(㉕　　　　　　　　　)の企業や病院，不動産の広告も多い。(㉖　　　　　　　　　)とは，(㉓)と(㉔)を合わせたメディアの総称である。

7　その他のメディア

　(㉗　　　　　　　　　)は，新聞に挟まれたチラシである。配布する(㉘　　　　　　　　　)を指定できたり，(㉙　　　　　　　　　)の絞り込みができたりするため，効率的に配布することができる。費用が(㉚　　　　　　　　　)なこともメリットである。郵便や電子メールで顧客に(㉛　　　　　　　　　)する広告を(㉜　　　　　　　　　)という。個々の顧客に合わせたメッセージを送ることができ，親近感がわきやすい。広告や記事風広告によって印刷費などをまかない，(㉝　　　　　　　　　)で配布することができる雑誌のことを，(㉞　　　　　　　　　)といい，その内容の大半は広告が占めていることが多い。

2）広告計画の流れ

　広告を制作，出稿し効果を測定するまでの一連の流れを(㉟　　　　　　　　　)という。

1　広告目標の設定

　商品の認知度，好意度，理解度，購入意向率の向上といった(㊱　　　　　　　　　)を設定する。(㊱)は数値で設定できると(㊲　　　　　　　　　)を測定する基準になる。

2　ターゲットの設定

　(㊳　　　　　　　　　)に基づいてターゲットを決める。ただし，子ども服や介護用品などのように，商品の(㊴　　　　　　　　　)と(㊵　　　　　　　　　)が違う場合は，マーケティング全体と広告のターゲットが異なる場合がある。また，ターゲットが(㊶　　　　　　　　　)いる場合には，どちらに絞るかを決めなければならない。

③ メディアの選択

　ターゲットがよく見る番組やよく行く場所，アクセスするWebサイトといったことを考慮してメディアを選択する。特定の「○○新聞」や「少年○○」といった具体的な新聞や雑誌を(㊷　　　　　　　　)と呼び，具体的にメディアを指定する。なお，テレビなら(㊸　　　　　　)と(㊹　　　　　　)，雑誌なら(㊺　　　　　　)と(㊻　　　　　　)，ラジオなら音声のみ，といったように，メディアによって表現に制限がある。

④ 広告表現の制作

　具体的に何を((㊼　　　　　　　　))，どのように((㊽　　　　　　　　))表現するかを決める。絵や写真といった(㊾　　　　　　　)，商品の魅力を伝える言葉である(㊿　　　　　　)，音楽といった要素を配置する。広告表現では，表現の一貫性を保ち広告の雰囲気を統一する(㊿①　　　　　　　　)に注意する必要がある。

⑤ 広告効果の測定

　広告を出稿して目標が達成できたかどうかを評価するために，(㊿②　　　　　　　)を測定する。(㊿②)は，実際に視聴者が広告を見て商品を購入したり，Webサイトにアクセスしたりという行動に着目する(㊿③　　　　　　)と，商品を認知度や好感度，理解度，広告への評価の向上といった視聴者の心理的変化に着目する(㊿④　　　　　　)に分けられる。(㊿③)は，小売店の値引きやキャンペーンといった広告以外の影響も受けるため，測定が難しい側面がある。(㊿④)の測定は，アンケート調査などを行う必要がある。

❷ 広報

教科書 p.139〜141

　広報とは，消費者だけではなく，メディア企業，株主，取引先，地域住民，官公庁，従業員といった(㊿⑤　　　　　　　　　)（利害関係者）を対象に企業の活動についての情報を積極的に発信する活動である。広報は，(㊿⑥　　　　　　)の日本語訳である。広告とは異なり，(㊿⑦　　　　　　)の情報提供活動である。

1）広報の役割

　広報は，企業によるコミュニケーション全体が(㊿⑧　　　　　　)で(㊿⑨　　　　　　)に行われるための下地づくりの役割がある。情報の提供により，(㊿⑤)と長期的で良好な関係を築き，企業への(㊿⑩　　　　　　)や(㊿⑪　　　　　　　　)の向上を目的とする。近年，企業もソーシャルメディアの(㊿⑫　　　　　　　)を取得して，積極的に情報発信し，ユーザーと(㊿⑬　　　　　　)のコミュニケーションとるようになったが，ソーシャルメディアの利用は，多方面への(㊿⑭　　　　　)が必要となる。(㊿⑭)を欠いた発言をすると，(㊿⑮　　　　　)と呼ばれる批判や好意的ではない発言が集中的に投稿されるリスクがある。

2）広報の種類

1 パブリシティ

　企業が，新商品発表会や，主に報道機関向けの（⑥⑥　　　　　　　　　　　　）というニュースを出す手段を用いて，テレビや新聞などに情報を提供し，報道してもらうようにする活動を（⑥⑦　　　　　　　　　　）という。メディアに取り上げられることによって，企業は（⑥⑧　　　　　　　　）を得たり，（⑥⑨　　　　　　　　）を集めたりする。

2 公式サイト

　企業自身が運営の主体となっているWebサイトを（⑦⓪　　　　　　　　　　）という。（⑦⓪）は，多種多様な情報を詳細に載せることができるのに加え，（⑦①　　　　　　　　　　）で情報をコントロールできる点が強みである。消費者が（⑦②　　　　　　　　　）する際に利用されることが多く，広報の中心となる手段でもある。

3 スポンサーシップ

　芸術やスポーツ，エンターテインメントに関連した人やイベントに対して，金銭や物，人材などを支援する活動を（⑦③　　　　　　　　　　　　）という。例えば，スポーツでは，選手へのユニフォームやシューズなどの（⑦④　　　　　　　　　　）の提供，企業の名前がついた（⑦⑤　　　　　　　　　）の開催，スタジアムの（⑦⑥　　　　　　　　　）の獲得，会場における企業やブランド名の入った（⑦⑦　　　　　　　）の掲載などが行われる。

4 IR(インベスター・リレーションズ)

　（⑦⑧　　　　　　　　　　　　）に向けて情報提供を行い，良好な関係を築くことを目的としたコミュニケーションを（⑦⑨　　　　　　　　）（インベスター・リレーションズ）という。業績や財務状況，年次活動報告書，中長期の経営計画といった（⑧⓪　　　　　　　　　　）を行い，企業への（⑧①　　　　　　　　）を促すことを目的としている。

5 インターナル・コミュニケーション

　社員を対象としたコミュニケーションを（⑧②　　　　　　　　　　　　　　　　）という。人事異動や組織変更，社長のメッセージといった企業の（⑧③　　　　　　　　　）を共有することで，組織の一体感を高め，社員の（⑧④　　　　　　　　　）を向上させることが目的である。

6 その他の広報

　（⑧⑤　　　　　　　　　　）の実施，体験型ミュージアムの運営，企業博物館の設置，職場体験の受け入れなども広報である。（⑧⑥　　　　　　　　　　　　　）と呼ばれる行政への情報提供活動や，（⑧⑦　　　　　　　　　）に関する活動である会社説明会や求人サイトへの登録など，広報のコミュニケーション活動は多岐にわたる。

1 次の⑴〜⑸に最も関係の深いものを解答群から選び，記号で答えなさい。

⑴ 屋外広告や交通広告を合わせたメディアの総称。

⑵ 短期間に多数の視聴者に広告を届けることができるメディア。

⑶ Webサイトにさまざまな形で表示するメディア。

⑷ 専門性が高くテーマも多様で，狭いターゲットに情報を届けることが強いメディア。

⑸ 情報の信頼性が高く，また，確実かつ定期的に情報を伝えることができるメディア。

【解答群】 **ア** インターネット　**イ** OOH　**ウ** テレビ　**エ** 新聞　**オ** 雑誌

(1)		(2)		(3)		(4)		(5)	

2 次の各文の下線部が正しい場合は〇を，誤っている場合は正しい語句を書きなさい。

⑴ 商品の魅力を詳しく説明するコピーを<u>メインコピー</u>という。

⑵ 「〇〇新聞」や「少年〇〇」といった具体的な新聞や雑誌を<u>フリーペーパー</u>という。

⑶ 広告表現では，表現の一貫性を保ち広告の雰囲気を統一する<u>ビジュアル</u>に注意する。

⑷ 広告効果のうち，<u>行動効果</u>は広告による商品への認知度や好意度，理解度，広告への
　評価の向上といったことに対する消費者の変化に着目する。

⑸ 広告を制作して出稿し，効果を測定する一連の流れを<u>広告計画</u>という。

(1)		(2)		(3)	
(4)		(5)			

3 次の⑴〜⑸に最も関係の深いものを解答群から選び，記号で答えなさい。

⑴ 企業の内部情報を共有し，組織の一体感を高め社員のモチベーションを向上させる。

⑵ 芸術やスポーツに関連した人やイベントに対して，金銭や物，人材を支援する。

⑶ 企業が，新商品発表会やプレスリリースなどで，テレビや雑誌に報道してもらう。

⑷ 投資家に向けて情報提供を行い，良好な関係を築く。

⑸ 行政に情報提供をして働きかける。

【解答群】 **ア** スポンサーシップ　**イ** パブリシティ　**ウ** IR

　　　　　エ パブリック・アフェアーズ　**オ** インターナル・コミュニケーション

(1)		(2)		(3)		(4)		(5)	

4 売上を広告目標に設定するのはあまり適切ではないといわれている。その理由について「効果」という語を用いて，60字程度で説明しなさい。 🖊

5 次の目的別に分類した広告にについて，その目的をそれぞれ説明しなさい。 🖊

①企業広告の目的

②商品広告の目的

③公共広告の目的

④人材募集広告の目的

6 プロダクト・プレイスメントとはどのような広報の方法で，どのような効果が期待できるか。「実在」という語を用いて100字程度で説明しなさい。 🖊 💡

2節 プロモーションの種類(2)

教科書 p.142〜154

要点整理

正答数 ／62問

教科書の内容についてまとめた次の文章の(　　)にあてはまる語句を書きなさい。

3 セールス・プロモーション

教科書 p.142〜145

Check!

セールス・プロモーション(SP)は、消費者の(①　　　　　　　　)を高めるための短期的で(②　　　　　　　)のある活動で、商品を購買する「最後の一押し」がその役割である。

1)セールス・プロモーションの役割

セールス・プロモーションは、他のプロモーション方法に比べて、商品の購買を促す(②)があるため、短期的な(③　　　　　　　)の効果が見込める。その一方、デメリットとして一度(④　　　　　　)をすると元の価格が高く感じられて、(④)をしないと商品が売れないようになる可能性がある。一度「(⑤　　　　　　)」な状況をつくると、消費者はそれが普通だと感じ、「(⑤)」ではない通常の状況では売れなくなるリスクがある。

2)トレード・プロモーション

メーカーが小売業に対して自社の製品を仕入れてもらうために行うセールス・プロモーションを(⑥　　　　　　　　　　)という。(⑥)には次の四つの種類がある。

① リベート

短期的な契約や関係に基づいて、製品の仕入量や販売量に対して(⑦　　　　　　)的な見返りを渡す方法を(⑧　　　　　　　)という。

② 特別出荷

小売店の(⑨　　　　　　)に対して、割引をしたり、金額はそのままに数量を増やして納品したりする方法を(⑩　　　　　　)という。

③ 販売店援助

家電量販店の電化製品売り場や携帯電話売り場、食品スーパーの試食コーナー、雑貨店の実演コーナーなどに(⑪　　　　　　)を派遣したり、特別な陳列器具や商品の特徴を伝えるために売り場に設置される広告である(⑫　　　　　　　)を提供したりして、小売店の販売を手助けする方法を(⑬　　　　　　)という。

④ コンテスト

陳列や販売数量を競う(⑭　　　　　　　)を開催して、(⑮　　　　　　　)や、(⑯　　　　　　)を評価し、上位の店舗を表彰したり景品を提供したりする方法である。

3）消費者プロモーション

メーカーが消費者に対して行うプロモーションを（⑰　　　　　　　　　　）といい，主に次の六つの種類がある。

1　クーポニング

割引券（（⑱　　　　　　　　））を提供する方法を（⑲　　　　　　　　　　）という。

2　サンプリング

試供品（サンプル）を無料で配布して実際に使ってもらい，次の購買を促す方法のことを，（⑳　　　　　　　　　）という。

3　懸賞

商品に応募券をつけて，応募者に対して景品をプレゼントする方法を（㉑　　　　　　　）という。抽選で当たる（㉒　　　　　　　）の場合や，（㉓　　　　　　　　　）を集めて応募すれば必ずもらえる場合もある。

4　プレミアム

商品を購入した人にもれなくおまけをつける方法を（㉔　　　　　　　　　）という。

5　増量パック

価格は変更せずに容量を増やすことで（㉕　　　　　　　　）を訴求する方法のことを，（㉖　　　　　　　　　）という。

6　バンドル

1個あたりの利益は減るが顧客単価を上げて利益の総額を増やすことを目的に，1個ずつ買う合計よりも低価格にした複数をセット販売する方法を（㉗　　　　　　　　）という。

4 販売員活動

教科書 p.150〜152

Check!

販売員活動は，顧客と（㉘　　　　　　　　）で商品の情報を伝えて，販売を行う活動である。販売員活動は人を介したプロモーションであることから（㉙　　　　　　　　　）とも呼ばれる。個々の顧客のニーズに合わせて情報を（㉚　　　　　　　　　）して適切に提供するのが販売員活動の役割である。

1）販売員活動の種類と内容

販売員活動は，対象となる顧客によって，活動の内容が二種類に分けられる。

1　営業

主に（㉛　　　　　　）を顧客として，商品を販売する一連の活動を（㉜　　　　　　　）という。（㉜）はメーカーが自社の商品を小売店舗に仕入れてもらうためや，情報ソフトウェア企業が会計システムを導入してもらうために交渉する。このような取引相手である顧客との交渉は，一般的に（㉝　　　　　　）と呼ばれる。

2 接客

主に小売店舗で来店客に対して商品の説明をし，販売までを行う一連の活動のことを，
(㉞　　　　　　　　　)という。販売員は，(㉞)だけでなく，レジの(㉟　　　　　　　　)，商品の
(㊱　　　　　　　　)，仕入の(㊲　　　　　　　)などさまざまな仕事を行う。

2）営業の種類

営業は，対象が社外か社内かにより，次の二つに分類することができる。

1 対外的活動

対外的活動は，顧客が抱える課題や不満を引き出し，それを自社の商品で解決する提案
を行う活動である(㊳　　　　　　　　　　　　)と，顧客との信頼関係を構築したり，
良好な関係を維持したりする活動である(㊴　　　　　　　　　　)に分かれる。(㊴)に
より信頼関係が築かれていれば，細かな取り決めが必要なく臨機応変な(㊵　　　　　　　)
が可能になったり，(㊶　　　　　　　)して自社と取引してくれるようになったりする。

2 対内的活動

対内的活動は，社内の各部門の(㊷　　　　　　　)を行う活動である。製品開発部門に顧
客の(㊸　　　　　　　)を届けて改良をしてもらったり，顧客の注文に対応できるように生
産や流通の(㊹　　　　　　　)を整えたりする。営業は，顧客と自社の各部門とをつなぐ，
(㊺　　　　　　　)を担っている。

3）販売員のテクニック

販売員が，顧客とコミュニケーションをとって商品を購入してもらう際に効果的なテク
ニックがある。ここでは，営業でも接客でも使える三つのテクニックをみていこう。

①(㊻　　　　　　　　　　　　　　　　　　　)（段階的要請法）とは，小さな要求か
ら徐々に大きな要求へと水準を上げていくテクニックである。人は最初の言動と一貫した
行動をとる傾向にあるため，最初に，(㊼　　　　　　　)の商品を勧めて購入してもらい，徐々
に専門的で(㊽　　　　　)な商品を提案していくと受け入れられやすい。

②(㊾　　　　　　　　　　　　　　　　　　　　)（譲歩的要請法）とは，最初に過大
な要求を出して，徐々に要求の水準を下げていくテクニックである。最初に最も(㊽)な商
品を提案した後に，やや(㊿　　　　　　　)金額の商品を提案すると，購入してもらいやす
くなる。相手が金額を下げてくれたという譲歩に(51　　　　　)を感じるため，(51)を返す
ために購入したくなるという効果が発揮される。

③(52　　　　　　　　　　　　　　　　　　)（特典付加法）とは，「これだけじゃ
ないよ」と徐々に(53　　　　　　　)を付加していき，お得感を訴求するテクニックである。
最初に提示した金額を変えずに，徐々に商品を(53)していくと，基準が最初の金額のため，
お得に感じる。

Check!

5 統合型マーケティング・コミュニケーション

教科書 p.153〜154

広告，広報，セールス・プロモーション，販売員活動は，消費者とコミュニケーションをとることが活動の中心となる。そのため，これらの四つの活動を総合したプロモーションは，((54)　　　　　　　　　　　　　)とも呼ばれる。

近年では消費者と多様な接点で繋がり((55)　　　　　　)的な関係を築くために，(54)を効果的で効率的に統合する((56)　　　　　　　　　　　　　　)(IMC)という考え方を取り入れてマーケティングを行う企業もある。

(56)を理解する上で重要なキーワードには，次の二つの考えがある。

1)コンタクト・ポイント

((57)　　　　　　　　　　)とは，消費者が商品やブランドに関する情報を受け取る接点のことで，４P政策一つひとつが(57)になる。例えば，((58)　　　　　　)ではパッケージの色で高級感を消費者に伝え，((59)　　　　　　)では品質の情報を伝え，((60)　　　　　　)では店舗で陳列されている数や場所で売れ筋の情報を伝える。

2)クロスメディア

(57)が多様で大量にあるため，コミュニケーションをとるためには情報を消費者に上手に伝える必要がある。そのためには，(57)上にあるメディアを順番に結びつけていくことである((61)　　　　　　　　　　)という考え方が重要となる。(61)により消費者がメディアに接触する流れを((62)　　　　　　)することが必要である。

▶Step問題

正答数　　　／13問

1 次の(1)〜(5)に最も関係の深いものを解答群から選び，記号で答えなさい。

(1) 商品に応募券をつけて，応募者に対して景品をプレゼントする。

(2) 複数をセットにし１個ずつ買うより低価格で販売する。

(3) 商品を購入した人にもれなくおまけをつける。

(4) 試供品を無料で配布して，実際に使ってもらい次の購買を促す。

(5) 商品の割引券を紙やスマートフォンのアプリで発行して，提供する。

【解答群】 **ア** プレミアム　**イ** バンドル　**ウ** 懸賞
エ クーポニング　**オ** サンプリング

(1)		(2)		(3)		(4)		(5)	

2 次の各文の下線部が正しい場合は〇を，誤っている場合は正しい語句を書きなさい。

(1) 主に小売店舗で来店客に対して商品の説明を行い，販売する一連の活動を<u>営業</u>という。

(2) 顧客が抱える課題や不満を引き出し，それを自社の商品で解決する提案を行う活動を<u>リレーション活動</u>という。

(3) 販売員活動は人を介したプロモーションであることから<u>人的販売</u>とも呼ばれる。

(4) 小さな要求から徐々に大きな要求へと水準を上げていく販売員のテクニックとを<u>ドア・イン・ザ・フェイス・テクニック</u>という。

(5) 最初に見たり聞いたりしたものを基準に他のものを比較する人間の性質を<u>返報性の原理</u>という。

(1)		(2)		(3)	
(4)				(5)	

3 セールス・プロモーションにはどのようなリスクがあるか，「お得」という語を用いて説明しなさい。また，小売店が行っているセールス・プロモーションのリスク回避の方法を「参照価格」という語を用いて，それぞれ50字程度で説明しなさい。✏️💡

①セールス・プロモーションのリスク

②セールス・プロモーションのリスク回避の方法

4 リレーションシップ・マーケティングの特徴について，「新規顧客」「既存顧客」という語を用いて，80字程度で説明しなさい。✏️💡

3節 プロモーション政策の動向

教科書 p.155〜158

要点整理

正答数 ／30問

教科書の内容についてまとめた次の文章の（　　　）にあてはまる語句を書きなさい。

1 メディアの変化による新展開

教科書 p.155〜156

Check!

1）ソーシャルメディアにおけるプロモーション

① Web動画広告

　動画共有サイトで流れる広告を（①　　　　　　　　　　）という。１分以上の長い広告が制作されたり，スマートフォンの画面に合わせた広告や（②　　　　　　　）で広告をスキップできる機能に対応した広告がつくられたりしている。

② ネイティブ広告

　WebサイトやSNSで，他の記事や投稿に溶け込んだ広告を，（③　　　　　　　　　　）という。

③ ライブコマース

　リアルタイムで商品の紹介動画を流す通信販売を（④　　　　　　　　　　）という。視聴者は質問ができるなど，商品の紹介者と（⑤　　　　　　　）のやりとりができる。

2）クチコミの影響力の増加

　（⑥　　　　　　　　　）は，商品に関する（⑦　　　　　　　　）が無い個人間のコミュニケーションである。特にインターネット上の（⑥）は，（⑧　　　　　　　　　）と呼ばれる。

① フォトジェニック

　写真を投稿するアプリの流行に伴って企業は，（⑨　　　　　　　　　　　）を意識した商品を開発したり，店舗の内装を変えたりすることで，（⑥）を増やそうとしている。

② ハッシュタグ検索

　SNSで「（⑩　　　　）」をつけて投稿すると，その投稿は（⑪　　　　　　　　　　）により，消費者の目に触れる可能性が高まる。

③ インフルエンサー・マーケティング

　世間や消費者に対して大きな影響力を持つ人のことを，（⑫　　　　　　　　　　）という。動画共有サイトやSNSで多くの（⑬　　　　　　　　）を持っている人である。企業は，（⑫）とタイアップした広告を出稿することで（⑭　　　　　　　）による（⑥）を促すといった，（⑮　　　　　　　　　　）を実施している。

2 技術の進化による新展開

教科書 p.157

1）VR（仮想現実:Virtual Reality）

（⑯　　　　　　　　）とは，仮想空間で海外の観光地に行くなどの（⑰　　　　　　　　　　）ができる技術である。専用の（⑱　　　　　　　　）を使うと視野の全てが仮想空間となる。

2）AR（拡張現実:Augmented Reality）

（⑲　　　　　　　　）とは，実在する風景にスマートフォンなどをかざすことで，バーチャルの（⑳　　　　　　　　）を重ねて表示する技術である。

3 プロモーションに関する規制と倫理

教科書 p.158

1）景品表示法

（㉑　　　　　　　　　　　）は，商品を実際よりも過大に良く見せる（㉒　　　　　　　　）や，過大な景品類の提供を防止するための法律である。㉒には，輸入牛肉を国産牛肉と偽る（㉓　　　　　　　　　）や，「地域最安」と書いてあるが他に安いお店があるといった（㉔　　　　　　　），㉓㉔以外の（㉕　　　　　　　　　　　　　　）がある。

2）自主規制

企業や業界が独自に制定するルールを（㉖　　　　　　　　）という。

3）公正競争規約

法律に準じて業界団体が作成した自主的なルールを（㉗　　　　　　　　）という。

4）プロモーション倫理

プロモーションを実行する際には企業自身による積極的な（㉘　　　　　　　　）への配慮が求められる。例えば，企業から金銭や物品など利益供与をされているのにもかかわらず，それを意図的に隠して中立的な立場から商品を勧めているかのように装う手法のことを，（㉙　　　　　　　　　）という。これは消費者を（㉚　　　　　　　）行為であり，㉘に照らして企業はこうした手法をとるべきではない。

▶Step 問題

正答数　　　／5問

1 次の⑴〜⑸のうち，条件にあてはまるものにはAを，それ以外にはBを書きなさい。

●条件　ソーシャルメディアにおけるプロモーション

⑴　Web動画広告　　⑵　ライブコマース　　⑶　POP広告

⑷　ネイティブ広告　　⑸　テレビCM

⑴		⑵		⑶		⑷		⑸	

◆探究問題　8

1 複数のメディアに広告を出している企業を調べよう。また，その具体的な広告を書き出そう。

```



```

2 ①の企業が行っている消費者プロモーション（クーポニング，サンプリング，懸賞，プレミアム，増量パック，バンドル）と，その具体的な内容を書き出そう。

```



```

3 ①の企業において，顧客が商品やサービスを認知したり，購入したりする際の一連の動作を旅に例えるカスタマージャーニーの流れをまとめてみよう。できるだけ多くのコンタクト・ポイントを挙げよう。

```



```

4 ①の企業において，統合型マーケティング・コミュニケーションという考え方を取り入れると，どのようなことができるだろうか，あなたのアイディアを挙げよう。

```



```

次の(1)〜(19)にあてはまる用語を書きなさい。

1回目 □(1)　消費者とコミュニケーションをとっ
2回目 □　　て販売を促進する一連の活動。

　　　　（　　　　　　　　　　）

□(2)　インターネットを利用して情報を発
□　　信し，情報の送り手と受け手で相互の
　　　やりとりができる双方向のメディア。

　　　　（　　　　　　　　　　）

□(3)　消費者が，情報に対して，注目→興
□　　味→欲求→記憶→行動の5段階のス
　　　テップを踏むという考え方。

　　　　　　（　　　　　　　　）

□(4)　インターネットが普及した現代の消
□　　費者が，情報に対して，注目→興味→
　　　検索→行動→共有の5段階のステップ
　　　を踏むという考え方。（　　　　　）

□(5)　情報の伝達手段のこと。具体的な
□　　個々の媒体名を指していう。

　　　　　　（　　　　　　　　）

□(6)　広告の雰囲気を統一するための表現
□　　の基本的なルールのこと。

　　　　　　（　　　　　　　　）

□(7)　組織の活動に影響を与えたり，与え
□　　られたりするさまざまな個人や集団。

　　　　（　　　　　　　　　　）

□(8)　主に報道機関向けに出されるニュー
□　　ス。　　（　　　　　　　　）

□(9)　投資家への情報提供による良好な関
□　　係構築を目指すコミュニケーション。

　　　　（　　　　　　　　　　）

□(10)　自社の社員に対して行う広報活動。
□
　　　　（　　　　　　　　　　）

□(11)　行政に情報提供して働きかける活
□　　動。（　　　　　　　　　　）

□(12)　メーカーが小売業者に対して自社の
□　　製品を仕入れてもらうために行うセー
　　　ルス・プロモーション。

　　　　（　　　　　　　　　　）

□(13)　顧客が抱える課題を引き出し，それ
□　　を自社の商品で解決する提案を行う
　　　活動。（　　　　　　　　　）

□(14)　顧客との信頼関係を構築したり，良
□　　好な関係を維持したりする活動。

　　　　（　　　　　　　　　　）

□(15)　広告，広報，セールス・プロモーショ
□　　ン，販売員活動の四つの活動を総合し
　　　たプロモーション。

　　　　（　　　　　　　　　　）

□(16)　消費者が商品やブランドに関する情
□　　報を受け取る接点。

　　　　　　（　　　　　　　　）

□(17)　WebサイトやSNSで，他の記事や
□　　投稿に溶け込んだ広告。

　　　　　　（　　　　　　　　）

□(18)　世間や消費者に対して大きな影響力
□　　を持った人のこと。

　　　　　　（　　　　　　　　）

□(19)　商品の不当表示や，過大な景品類の
□　　提供が行われないようにするための法
　　　律。　　（　　　　　　　　）

8章　プロモーション政策

▲アプリは
こちらから

アプリでほかの問題にもチャレンジしてみよう！

1節 さまざまなマーケティング戦略 教科書 p.160〜163

● 要点整理

正答数　　／17問

教科書の内容についてまとめた次の文章の（　　　）にあてはまる語句を書きなさい。

Check! ☐☐☐

1 製品ライフサイクル別の戦略

教科書 p.160〜161

1）導入期

広告によって（①　　　　　　　）を向上させることが重要である。（②　　　　　　　）価格を採用して，（③　　　　　　　）を促すことも有効である。

2）成長期

競争が激化しているため，（④　　　　　　　）を通じた市場シェアの拡大が課題となる。広い（⑤　　　　　　　）を確保して多くの顧客に製品を到達させることも重要である。

3）成熟期

この時期の課題は市場シェアの（⑥　　　　　　　）である。成長期以上に（⑦　　　　　　　）を細かく実施し，徹底した（④）を図ることが求められる。

4）衰退期

損失を出さないよう，売上の低調な製品を（⑧　　　　　　　）させることも考えられる。適切な（⑨　　　　　　　）を実施することで，製品を若返らせることもできる。

Check! ☐☐☐

2 市場地位別の戦略

教科書 p.162〜163

1）リーダー

リーダーがとるべき戦略は，市場の（⑩　　　　　　　）である。市場を（⑩）させるには，新規ユーザーを開拓したり，製品の新たな（⑪　　　　　　　）を開発したりすることが有効である。

2）チャレンジャー

チャレンジャーがとるべき戦略は，リーダーとの徹底した（④）である。4P政策において，リーダーが容易に（⑫　　　　　　　）できない（④）を図ることが重要である。

3）フォロワー

フォロワーがとるべき戦略は，リーダーには魅力的ではない（⑬　　　　　　　）に敏感なセグメントをターゲットとすることである。徹底した（⑭　　　　　　　）が重要である。

4）ニッチャー

ニッチャーがとるべき戦略は，（⑮　　　　　　　）とも呼ばれる規模の小さい特定のセグメントに（⑯　　　　　　　）し，（⑰　　　　　　　）を狙うことである。そのセグメントに魅力的な深い製品ラインを揃えることが重要である。

正答数 ／12問

1 次の(1)～(5)に最も関係の深いものを解答群から選び，記号で答えなさい。なお，同じ選択肢を2度使用してもよい。

(1) これまで以上に細かいSTPを実施し，徹底した差別化を図る。

(2) 製品機能や品質の見直しをして，差別化を意識したプロモーションを実施する。

(3) 広告によって知名度を向上させ，市場浸透価格を採用して，製品の普及を図る。

(4) これまでよりも広いチャネルを確保して多くの顧客に製品を到達させる。

(5) 製品を撤退させる，またはリポジショニングを実施することで製品を若返らせる。

【解答群】 ア 導入期   イ 成長期   ウ 成熟期   エ 衰退期

(1)		(2)		(3)		(4)		(5)	

2 次の各文の下線部が正しい場合は○を，誤っている場合は正しい語句を書きなさい。

(1) 市場における序列を<u>製品ライフサイクル</u>という。

(2) 最大の市場シェアを持つリーダーは，<u>幅広い顧客のニーズ</u>を満たすことが必要である。

(3) 小規模な特定のセグメントで，高い市場シェアを持つ企業を<u>チャレンジャー</u>という。

(4) 市場シェアの3，4番手であるフォロワーが提供する製品は<u>低価格帯</u>が中心となる。

(5) ニッチ市場のニーズを捉えることができた企業は，比較的<u>高い価格</u>を設定できる。

(1)		(2)		(3)	
(4)		(5)			

3 市場におけるリーダーとニッチャーの戦略を，それぞれ50字程度で説明しなさい。

①リーダー

②ニッチャー

2節 サービス・マーケティング 教科書 p.164〜167

● 要点整理

正答数 ／24問

教科書の内容についてまとめた次の文章の（　　　）にあてはまる語句を書きなさい。

1 サービス・マーケティング

教科書 p.164〜165

Check!

1）サービスの定義と特性

1 サービスの定義

市場取引の対象となる無形財を（① 　　　　　　　　）という。（①）を購入するということは，「（② 　　　　　　　　）をお金で買うこと」である。（③ 　　　　　　　　）が進んだ今日では，（②）という形のない商品が私たちの生活に欠かせない。

2 サービスの特性

①無形性

第一の特性は（④ 　　　　　　）である。購買前に品質を判断することが難しいことから，（①）の購買には比較的大きな（⑤ 　　　　　　　）を伴うことが多い。（⑤）を緩和するためには，（⑥ 　　　　　　　　）が有効である。

②同時性

第二の特性は（⑦ 　　　　　　）である。（⑦）は，従業員による（①）の（⑧ 　　　　　　　）と消費者による（①）の（⑨ 　　　　　　）が同時に生じることである。また，（⑧）したものを，（⑩ 　　　　　　　）として保存しておくことができない。そのためダイナミック・プライシングなどの価格政策を活用し，需要を（⑪ 　　　　　　　）させる取り組みが重要である。

③不安定性

第三の特性は，（⑫ 　　　　　　）である。（⑫）とは，従業員ごとに知識や技能の水準が異なるため，提供できる（①）の品質が異なることである。（①）の品質の変動を抑えるためには，（①）の提供手順を（⑬ 　　　　　　　）で規定したり（⑭ 　　　　　　）を行ったりする必要がある。

2 サービス・エンカウンター

教科書 p.166〜167

Check!

顧客と（①）提供者が出会う場面を（⑮ 　　　　　　　　　　　　）という。

1）サービス・マーケティングの7P

（⑮）をマネジメントする際には，（⑯ 　　　　　　　）を考える。（⑯）は製品のマーケティングの四つのP（製品，価格，チャネル，プロモーション）に，新たに三つのP（（⑰ 　　　　　　　　），（⑱ 　　　　　　　），（⑲ 　　　　　　　））を加えたものである。

2）人材

① **インターナル・マーケティング**

企業は，接客従業員に適切なサービスの提供を行ってもらうための取り組みを行う必要がある。代表的な取り組みの一つが（⑳　　　　　　　　　　　　　　　）である。⑳とは，従業員を企業内部の顧客と捉えて，（㉑　　　　　　　　　）や働く意欲を高めようとする活動である。

② **サービス・プロフィット・チェーン**

下記のような良好な循環を（㉒　　　　　　　　　　　　　　　　　）という。

3）物的証拠

顧客にとっては，①を提供される物的証拠（（㉓　　　　　　　　　　　　　）も①の品質の良し悪しに関わる。そのため，五感の観点から，店舗の内装や外装を検討するとよい。

4）プロセス

顧客に円滑にサービスを提供するために，顧客の（㉔　　　　　　　　　　）やサービスの提供手順などを明確化しておくことも重要である。

▶Step 問題

正答数　　／5問

1 次の下線部が正しい場合は〇を，誤っている場合は正しい語句を書きなさい。

(1) サービス経済化とは，<u>第二次産業</u>の就業者数や市場規模の割合が他の産業に比べて大きくなることである。

(2) サービスの購買には，比較的大きな<u>知覚リスク</u>を伴うことが多い。

(3) サービスの特性は，無形性・同時性・<u>安定性</u>の三つである。

(4) 顧客とサービス提供者が出会う場面を<u>サービス・プロフィット・チェーン</u>という。

(5) 顧客にとって，サービスが提供される物的証拠はサービスの品質の良し悪しに<u>関係しない</u>。

(1)		(2)		(3)	
(4)		(5)			

3節 小売マーケティング

教科書 p.168〜175

● 要点整理

正答数　　／55問

教科書の内容についてまとめた次の文章の(　　　)にあてはまる語句を書きなさい。

Check!

1 出店

教科書 p.168〜169

1)ストア・コンセプトの設定

小売マーケティングは，(① 　　　　　　　　　　)を明確にするところから始まる。
(①)とは，業態や店舗規模，ターゲットなどをまとめた店舗の(② 　　　　　　)である。
製品マーケティングと同じく，(①)の策定にあたっても，(③ 　　　　　　)を実施し，
消費者ニーズを踏まえることが重要である。

2)立地の選択

実店舗の場合，(④ 　　　　　)の選択は，最も重要な意思決定の一つである。

1 商圏の分析

(④)の選択において最初に行わなければならないのが(⑤ 　　　　　)の分析である。(⑤)
とは，その店に(⑥ 　　　　　)の高い顧客が居住または勤務している範囲である。(⑤)
は(⑦ 　　　　)によって異なり，その分析においては，人口や消費者の属性，競合店，
(⑧ 　　　　　)のしやすさなどを総合的に調査することに加え，消費者のニーズの
把握と，(⑨ 　　　　)の来店者数や収益の予測に努めなければならない。

2 ハフ・モデル

ある(⑤)の中でどこに(④)すべきかを検討する際には，(⑩ 　　　　　　)の考え
方が参考になる。(⑩)では，消費者が店舗に行く確率は(⑪ 　　　　　　　)に比例する
一方，店舗までの(⑫ 　　　　　)に反比例すると考える。

2 仕入計画

教科書 p.169

Check!

1)仕入先の選定

商品の仕入れに携わる人を(⑬ 　　　　　　)という。(⑬)は，仕入先の品揃えの豊富
さや価格，(⑭ 　　　　　　)，売れ筋商品などに関する情報提供能力などを総合
して，優れた仕入先を決める。

2)仕入先との関係構築

1回の取引ごとに仕入先を選び直すことはほとんどない。特定の仕入先と良好な関係性
を構築し，継続的に取引を行おうとすることを(⑮ 　　　　　　　　)という。

3 陳列

Check!

　商品の品揃えや店舗内で展開されるプロモーションが同じであっても，(⑯　　　　　　　)の仕方によって売上は変わり得る。(⑯)は，ある商品カテゴリーを，店内のどこに配置するかという(⑰　　　　　　　　　　)と，棚にどのように商品を並べるかという(⑱　　　　　　　　　　)の，二つの観点から検討する。

1）フロア・マネジメント

1　フロア・マネジメントの基本

　(⑰)では，顧客が買い物を(⑲　　　　　　　　)に商品を配置することが基本である。

2　動線長の延長

　売上を伸ばすためには，顧客の(⑳　　　　　　　)を伸ばす工夫も必要である。(⑳)とは，顧客が店内を(㉑　　　　　)のことで，(㉒　　　　　　　)されることの多い商品を店の奥に配置し，そこに至るまでに(㉓　　　　　　)されることの多い商品を配置することなどは，(⑳)を伸ばすための効果的な方法である。

2）シェルフ・スペース・マネジメント

1　ゴールデンゾーンとライトアップの法則

　商品を棚に陳列するときには，顧客の目にとまりやすく，商品を手にとってもらいやすい位置を把握することも重要である。この位置を(㉔　　　　　　　　)という。(㉔)に利益率の高い商品を陳列することで，小売店は利益を上げることができる。また，同じ高さに置かれている場合には，(㉕　　　　　)より(㉖　　　　　　)に陳列してある商品のほうが顧客からの視認性は高くなる。これを(㉗　　　　　　　　)という。

2　フェイス

　商品の顔のことを(㉘　　　　　　)という。商品を陳列する際には，パッケージの(㉙　　　　　)（顔）が顧客を向くようにしなければならない。また，(㉘)数（商品を並べる面の数）が増えると視認性が高まる。(㉚　　　　　　)に基づいて，どの商品に何(㉘)を割り当てるかを決めるのが基本である。

4 在庫管理

Check!

　小売店には避けなければならない，いくつかの損失（ロス）がある。商品が売り切れていたために，販売機会を逃してしまうことを(㉛　　　　　　)という。商品を大量に仕入れれば(㉛)は起きないが，売れ残ってしまった商品を処分する際に(㉜　　　　　)や，値引きして売りさばいた際に(㉝　　　　　　)が発生しやすくなる。いずれのロスも最小化することが望ましいため，適正な在庫水準を維持する(㉞　　　　　)が重要である。

1）在庫の把握方法

① 棚卸法

　在庫高を把握するための基本的な方法の一つが，店内や倉庫に置いてある商品の数を，（㉟　　　　　　　　　）で見て数える（㊱　　　　　　　　　）である。正確な在庫高を把握できるという利点がある一方で，（㊲　　　　　　　）がかかるため，取扱商品が多い場合には頻繁に実施しにくいという欠点がある。

② 帳簿やPOSシステムを用いた方法

　帳簿やPOSシステムに登録されている（㊳　　　　　　　　　）を用いて在庫高を確認することで，（㊴　　　　　　　　）の在庫高を速やかに把握することができる。

2）適正な在庫高の算出

① 商品回転率に基づく算出方法

　企業が1年間に在庫を売り切る回数を（㊵　　　　　　　　　　　　）という。（㊵）は，以下の式で求めることができる。

$$（㊵）　=　\text{年間売上高}　÷（㊶　　　　　　　　　　　）$$

　（㊵）が高いほど，仕入れた商品が早く売れており，（㊷　　　　　　　　　　）が高いことを示している。先ほどの式を変形すると，企業が来期に準備すべき適正な平均在庫高は，以下の式で求めることができる。

$$\text{適正な平均在庫高}　=　（㊸　　　　　　　　　　　　）　÷　\text{目標商品回転率}$$

② 在庫販売比率に基づく算出方法

　季節変動の大きい商品の場合には，月別の（㊹　　　　　　　　　　）を用いて，月別に適正な在庫高を求めるとよい。（㊹）とは，ある期間の売上高に占める（㊺　　　　　　　　　）の割合であり，以下の式で求めることができる。

$$\text{在庫販売比率}　=　（㊻　　　　　　　）　÷（㊼　　　　　　　）$$

　（㊹）が高いほど，売上に対して在庫が（㊽　　　　　　　）になっているため，改善が必要である。先ほどの式を変形すると，企業が来年度のある月に準備すべき適正な在庫高は，以下の式で求めることができる。

$$\text{適正な当月の在庫高}　=　（㊾　　　　　　　　　）　×　\text{当月の目標在庫販売比率}$$

3）発注の注意点

　適正な在庫水準を明らかにしたら，それをもとに最大在庫量と（㊿　　　　　　　）を定める。そして，在庫高が常に両者の間にあるように商品を発注し，（51　　　　　　　）しなければならない。

　発注に際しては，（52　　　　　　　　　）に留意する必要がある。（52）とは，商品の発

注から⑸までに要する時間である。⑸を見越して，手持ちの在庫量が⑸に到達する前に発注をかけることが重要である。

　また，（⑸　　　　　　　　　　　　）の場合，発注にかかる費用を削減できる一方，在庫維持にかかる費用は高くなる。（⑸　　　　　　　　　　　　）の場合は，その反対である。1回あたりの発注量を，これらの費用を最も抑えられる（⑸　　　　　　　　　　　）にする必要がある。

▶Step 問題

正答数　　／31問

❶ 次の下線部が正しい場合は○を，誤っている場合は正しい語句を書きなさい。

(1)　業態や店舗規模，ターゲットなどの店舗の基本理念を<u>ストア・コンセプト</u>という。

(2)　商圏は業態によって異なり，コンビニエンスストアの商圏よりもスーパーマーケットの商圏のほうが<u>狭い</u>ことが一般的である。

(3)　商圏を検討する際に，距離と売場面積で消費者の店舗選択が決まると仮定するモデルのことを，<u>多属性態度モデル</u>という。

(4)　商品の仕入れに携わる人を<u>サプライヤー</u>という。

(5)　顧客が移動する際の経路を動線といい，売上を伸ばすためには動線を<u>伸ばす</u>工夫が必要である。

(1)		(2)		(3)	
(4)		(5)			

❷ 次の(1)～(5)に最も関連するものを解答群から選び，記号で答えなさい。

(1)　店に来る確率の高い顧客が居住または勤務している範囲。

(2)　顧客の目にとまりやすく，商品を手にとってもらいやすい位置。

(3)　顧客が棚を眺めるときの目線の動きが左上→右上→左下→右下となっていること。

(4)　店内や倉庫に置いてある商品の数を人の目を見て数える方法。

(5)　同じ高さに置かれた商品は，左側より右側の方が，顧客からの視認性が高くなること。

【解答群】　**ア**　ゴールデンゾーン　　**イ**　棚卸法　　**ウ**　Zの法則
　　　　　　エ　ライトアップの法則　　**オ**　商圏

(1)		(2)		(3)		(4)		(5)	

3 以下の二つの条件に基づいて，⑴～⑸にあてはまる数字を記入しなさい。

条件1　期首在庫高：50万円　　期末在庫高：70万円　　年間売上高：1,200万円

　　　　（来期の）年間目標売上高：1,300万円　　（来期の）目標商品回転率：25回

平均在庫高	⑴	万円	商品回転率	⑵	回
適正な平均在庫高	⑶	万円			

条件2　7月の月初在庫高：200万円　　7月の売上高：100万円

　　　　（来年度の）7月目標売上高：200万円　　（来年度の）7月目標在庫販売比率：1.5

在庫販売比率	⑷		適正な7月の在庫高	⑸	万円

4 次の文章の　　　にあてはまるものを解答群から選び，記号で答えなさい。

　小売店には避けなければならない，いくつかの損失（ロス）がある。一つが，商品が売り切れていたために，販売機会を逃してしまう　⑴　である。この損失は，商品を大量に仕入れれば避けることができるが，　⑵　や値引きロスを発生させる恐れがある。いずれのロスも最小化することが望ましいため，適正な在庫水準を維持する　⑶　が重要である。

　商品の補充の発注に際しては，商品の発注から補充までに要する時間である　⑷　に留意する必要がある。また，1回あたりの発注量も発注にかかる費用が最も抑えられる量である　⑸　となるように注意が必要である。

【解答群】　ア　リードタイム　　イ　廃棄ロス　　ウ　経済的発注量

　　　　　　エ　在庫管理　　　　オ　機会ロス

⑴		⑵		⑶		⑷		⑸	

5 次の⑴～⑸がフロア・マネジメントにあたる場合はAを，シェルフ・スペース・マネジメントにあたる場合はBを記入しなさい。

⑴　新商品が発売されたので棚の右側に陳列した。

⑵　子ども向けの玩具菓子を子どもの目線の高さに合わせて陳列した。

⑶　顧客の動線長を伸ばすために，その日の目玉商品を店の奥に配置した。

⑷　パッケージの正面が顧客を向くように陳列した。

⑸　生鮮食品などを店内の入口付近に，菓子などを奥の方に配置した。

⑴		⑵		⑶		⑷		⑸	

6 仕入先の重点化政策とはどのような政策であるか，その利点とともに70字程度で説明しなさい。

7 教科書p.168の事例におけるP社は，どのような立地戦略で，どのようなイメージを冷凍食品に付与することができたか，70字程度で説明しなさい。

8 棚卸法による在庫の把握の特徴を40字程度で，POSシステムによる在庫の把握の特徴を20字程度でそれぞれ説明しなさい。

①棚卸法

②POSシステム

4節 観光地マーケティング

教科書 p.176〜178

● 要点整理

正答数　　／16問

教科書の内容についてまとめた次の文章の（　　　）にあてはまる語句を書きなさい。

Check!

1 観光地マーケティングの概要

教科書 p.176

観光地マーケティングとは，ある地域の（①　　　　　　　　）としての魅力を向上させる活動である。この活動により多くの観光客を誘致できれば，（②　　　　　　　　）の活性化につながり，観光地としての魅力度が高まれば，その地域への（③　　　　　　　）を増加させる効果も期待できる。

1）観光地マーケティングの特徴

観光地に対するイメージや満足度の形成には多様な（④　　　　　　　　　　　　）が関わる。観光地の魅力を高めるためには，（⑤　　　　　　　）の多様な（④）が綿密に連携をとらなければならない。

2）観光地マーケティングの担い手

（⑥　　　　　　　　）は，地域の観光地マーケティングのまとめ役となることを期待されている組織である。（⑥）には，地方自治体や地域住民，観光関連事業者と合意を形成しながら，（⑦　　　　　　　　）を発掘して，売り出すことが求められている。

Check!

2 観光地マーケティングの課題

教科書 p.177〜178

1）訪日外国人への対応

海外からの訪日外国人を誘致して，（⑧　　　　　　　　　　）を増加させることが観光業にとって重要な課題である。（⑧）を増やすためには，国ごとに異なる（⑨　　　　　　　）を理解し，それぞれにあったサービスを提供するなどの工夫が欠かせない。

2）オーセンティシティの訴求

訪れた地域に住む人々の実際の生活の様子が伝わる（⑩　　　　　　　　　　　）を求める観光客が増えているため，その（⑪　　　　　　　）を検討しなければならない。

3）オーバーツーリズム

（⑫　　　　　　　　　　）とは，観光地に著しく多くの観光客が来た結果，住民の（⑬　　　　　　　）や自然環境，観光客自身の満足度などに（⑭　　　　　　　　）が生じる現象である。また，観光地の（⑮　　　　　　　）な発展のために，観光に携わる事業者には，（⑯　　　　　　　）な観光を実現する視点が求められている。

1 次の各文の下線部が正しい場合は○を，誤っている場合は正しい用語を書きなさい。

(1) 地域の観光地マーケティングのまとめ役となることを期待されているのが，市場調査や地域のプロモーションなどを地域と協同して行う，<u>OOH</u>という組織である。

(2) 観光産業は経済問題や外交問題などの<u>内部環境</u>の影響を受けやすい。

(3) 観光地に著しく多くの観光客が訪れたことで，住民の生活環境や自然環境，滞在している観光客自身の満足度などに負の影響が生じる現象を<u>オーバーツーリズム</u>という。

(4) 2019年における，訪日外国人の地域別の内訳で最も多かったのは<u>欧米豪</u>である。

(5) 観光地マーケティングによって，ある地域の観光目的地としての魅力を向上させることは，その<u>地域の産業を活性化</u>させることにもつながる。

(1)		(2)		(3)	
(4)		(5)			

2 次の(1)〜(5)のうち，条件にあてはまるものにはAを，それ以外にはBを書きなさい。

●条件　インバウンド消費を増加させる国内の施策

(1) 海外への修学旅行の実施拡大に向けた環境整備。

(2) 音声翻訳機や他言語対応のタブレット機器を使用した接客。

(3) 通信環境の向上やキャッシュレス決済に対応した店舗の拡大。

(4) 国内の大学生に向けた割引航空券の企画や販売要請。

(5) 地方部における自然や生活を満喫できる滞在型観光の確立。

(1)		(2)		(3)		(4)		(5)	

3 2020年に訪日外国人数が大きく減少した理由を，50字程度で説明しなさい。

5節 グローバル・マーケティング

教科書 p.179〜180

● 要点整理

正答数　／11問

教科書の内容についてまとめた次の文章の(　　　)にあてはまる語句を書きなさい。

Check!

1 文化と消費者行動

教科書 p.179

1）文化の種類

　海外市場に進出する際には，(①　　　　　　　　　　)の文化について理解を深めることが不可欠である。(②　　　　　　)をはじめとした文化が日本とは異なるからである。

2）原産国効果

　国にはそれぞれ(③　　　　　　　)のイメージがある。そのイメージは，その国で製造された(④　　　　　　　)にも影響を与える。これを(⑤　　　　　　　　)という。

2 海外市場における戦略

教科書 p.180

Check!

1）スタンダーダイゼーション

　(⑥　　　　　　　)においても，本国と同じマーケティングを展開しようとすることを(⑦　　　　　　　　)という。(⑧　　　　　　)によるコストの削減が，(⑦)の主なメリットである。

2）ローカライゼーション

　(⑦)だけでは，(①)の(⑨　　　　　　)を掴めず，失敗する可能性もある。そこで，地域に合わせて異なるマーケティングを展開する(⑩　　　　　　　　)が必要である。ただし現地の(⑨)への過度な適応は，(⑪　　　　　　)の増大にも繋がる。

▶ Step問題

正答数　／1問

1 日本や欧米において，植物肉やヴィーガンコスメなどの需要が高まっている理由を50字程度で記述しなさい。

6節 ソーシャル・マーケティング 教科書 p.181〜182

● 要点整理

正答数 　／11問

教科書の内容についてまとめた次の文章の（　　　）にあてはまる語句を書きなさい。

企業の営利追求という目的以外に，マーケティングの考え方を応用した社会志向のマーケティングを（①　　　　　　　　　　　　　）という。（①）には二つの意味があり，一つは，大学や病院，地方自治体，（②　　　　　　　　　　）やNGOといった非営利組織にもマーケティングの考え方を応用する，（③　　　　　　　　　　　　　　　）である。もう一つは，（④　　　　　　　　　　　　　）であり，企業の利益と同時に社会の利益も追求するマーケティングを行おうとするものである。

1 非営利組織のマーケティング
教科書 p.181

Check!

（③）でも，STPや4P政策を検討する。（③）における製品は，「一人ひとりの行動を変えよう」という（⑤　　　　　　　　　　　）の形をとることが多い。

2 社会的責任のマーケティング
教科書 p.182

Check!

1）企業の社会的責任

営利企業であっても，自社の（⑥　　　　　　　）だけを追求するのではなく，ステークホルダーへの配慮が不可欠である。そこで（⑦　　　　　　　　　　）という考え方が重要となる。（⑦）は（⑧　　　　　　　）とも呼ばれ，幅広い事柄への配慮が求められている。

2）SDGs

2015年9月の国連サミットで，（⑨　　　　　　　　　　）の誰一人として取り残さないことを誓って，持続可能な開発目標（（⑩　　　　　　　　　）が採択された。すべての国連加盟国が協力して（⑪　　　　　　　）までの目標達成を目指している。

▶Step 問題

正答数 　／1問

1 SDGsウォッシュについて，40字程度で説明しなさい。

1 現在の世の中で，製品ライフサイクルの導入期と成熟期にあたると考えられる商品を書き出し，導入期の商品は今後成長期を迎えるための，成熟期の商品は今後衰退期とならないための戦略をそれぞれ考えよう。

導入期の商品

成長期となるための戦略

成熟期の商品

衰退期とならないための戦略

2 日本にある，外国人観光客がオーセンティシティを感じる場所を調べて書き出そう。

3 SDGsに取り組んでいる企業を探して，どの目標にどのように取り組んでいるかを書き出そう。

次の(1)～(23)にあてはまる用語を書きなさい。

1回目
2回目

(1) 製品やサービスにおける，誕生から衰退までのプロセス。
（　　　　　　　　　　）

(2) 最大の市場シェアを持つ企業。
（　　　　　　　　　　）

(3) 2番手の市場シェアを持つ企業。
（　　　　　　　　　　）

(4) リーダーにチャレンジするほどの市場シェアは持たない3, 4番手の企業。
（　　　　　　　　　　）

(5) 規模は小さいが，特定のセグメントにおいて高い市場シェアを誇る企業。
（　　　　　　　　　　）

(6) 市場取引の対象となる無形財。
（　　　　　　　　　　）

(7) 第三次産業が占める就業者数や市場規模の割合が他の産業に比べて大きくなること。（　　　　　　　）

(8) 期待した効果が得られるかなどといった，消費者が感じる不安。
（　　　　　　　　　　）

(9) マニュアルなどの導入により，均質なサービスを効率的に提供すること。
（　　　　　　　　　　）

(10) 従業員を顧客と捉えて，従業員満足や働く意欲を高めようとする活動。
（　　　　　　　　　　）

(11) 業態や規模，ターゲットなどの店舗の基本理念。（　　　　　　）

(12) 従業員満足がサービスの品質向上や顧客満足の向上につながる好循環。
（　　　　　　　　　　）

(13) 店に来る確率の高い顧客が居住または勤務している地域。（　　　　　）

(14) 商品の仕入れに携わる人。
（　　　　　　　　　　）

(15) 特定の仕入先と良好な関係性を構築し，継続的に取引を行おうとすること。
（　　　　　　　　　　）

(16) ある商品カテゴリーを店内のどこに配置するかということ。
（　　　　　　　　　　）

(17) 棚にどのように商品を並べるかということ。
（　　　　　　　　　　）

(18) 商品棚で，顧客の目にとまりやすく，商品を手にとってもらいやすい位置。
（　　　　　　　　　　）

(19) 商品が売り切れていたために，販売機会を逃すこと。（　　　　　）

(20) 1年間に在庫を売り切る回数。
（　　　　　　　　　　）

(21) ある期間の売上高に占める期首在庫の割合。（　　　　　　）

(22) 商品の発注から補充までに要する時間。（　　　　　　）

(23) 訪日外国人による日本国内での消費。（　　　　　　）

9章

マーケティングのひろがり

▲アプリはこちらから

アプリでほかの問題にもチャレンジしてみよう！

本書での学習を進めるにあたり，各章ごとに記録をつけながら学習態度を振り返ったり，目標を設定したりしましょう。

重要用語の確認は，得点を記入しましょう。探究問題は，自分自身がよくできたと感じた場合は左，できたと感じた場合は真ん中，できなかったと感じた場合は右のチェックボックスにチェックをつけましょう。

メモ欄には，「記述問題の正答数を増やす」など，次の章の学習で自分自身が目標にしたい内容を書きこんでください。またそれができたかも振り返りながら，学習を進めて行きましょう。

fight!

1章　マーケティングの概要 　　　　　　　　　　　　　　　p.2～p.17

探究問題(p.16) ☐ ☐ ☐

重要用語の確認(p.17)　　1回目　　/19問　　2回目　　/19問

メモ

2章　消費者行動の理解 　　　　　　　　　　　　　　　　p.18～p.25

探究問題(p.24) ☐ ☐ ☐

重要用語の確認(p.25)　　1回目　　/24問　　2回目　　/24問

メモ

3章　市場調査 　　　　　　　　　　　　　　　　　　　p.26～p.33

探究問題(p.32) ☐ ☐ ☐

重要用語の確認(p.33)　　1回目　　/25問　　2回目　　/25問

メモ

4章　STP 　　　　　　　　　　　　　　　　　　　　p.34～p.41

探究問題(p.40) ☐ ☐ ☐

重要用語の確認(p.41)　　1回目　　/19問　　2回目　　/19問

メモ

5章　製品政策 　　　　　　　　　　　　　　　　　　　p.42～p.57

探究問題(p.56) ☐ ☐ ☐

重要用語の確認(p.57)　　1回目　　/22問　　2回目　　/22問

メモ

1章 マーケティングの概要
1節 **マーケティングの歴史と発展**

● 要点整理　　　　　　　　　　　　　　p.2-4

①売れる仕組み　②売れる　③視点

④買いたくなる　⑤価格競争　⑥小売業

⑦サービス業　⑧非営利組織　⑨心　⑩購入

⑪アメリカ　⑫1950

⑬マーケティング・コンセプト

⑭生産志向　⑮三種の神器　⑯高度経済成長

⑰景気　⑱上回る　⑲規模の経済　⑳不足

㉑品質　㉒製品志向

㉓カラーテレビ　㉔㉕自動車　クーラー(順不同)

㉖技術　㉗アイディア　㉘シーズ志向　㉙市場

㉚販売志向　㉛余る　㉜設備投資　㉝押し売り

㉞コンシューマリズム　㉟㊱利益　権利(順不同)

㊲訪問販売　㊳クーリング・オフ制度

㊴特定商取引法

㊵㊶消費者志向　顧客志向(順不同)

㊷起点　㊸売れるものをつくる　㊹消費者ニーズ

㊺顧客満足(CS)　㊻リピーター　㊼ファン

㊽顧客創造　㊾社会志向

㊿ソーシャル・マーケティング

51環境汚染　52貧困　53人口減少　54社会全体

55寄附付き商品　56アップサイクル　57付加価値

▶Step問題　　　　　　　　　　　　　　p.4-5

❶ (1)B　(2)B　(3)A　(4)A　(5)A

❷ (1)顧客創造　(2)マーケット・イン
　 (3)シーズ志向　(4)規模の経済　(5)○

❸ (1)オ　(2)イ　(3)ア　(4)エ　(5)ウ

❹ 【考え方】
　 例社会的責任や社会貢献を果たすものをつくっ
　 て売るという考え方。
　 【解決しようとしている現代社会の課題】
　 例環境汚染や貧困，人口減少といった現代社会
　 のさまざまな課題のこと。

■ 解答のポイント
　□教科書p.13の事例をもとに社会貢献が企業
　 の利益と両立することを記述しているか。

1章 マーケティングの概要
2節 **現代の市場とマーケティング**

● 要点整理　　　　　　　　　　　　　　p.6-8

①市場　②顧客　③潜在顧客　④流行

⑤消費者ニーズ　⑥欲しい　⑦不満　⑧市場調査

⑨予期

⑩⑪おどろき(サプライズ)　なるほど(納得)

(順不同)

⑫イノベーション　⑬想像　⑭消費者志向

⑮潜在的　⑯創造的適応　⑰需要

⑱⑲ニーズ　行動(順不同)　⑳SNS

㉑ソーシャルメディア

㉒クーポン　㉓ビッグデータ　㉔情報化

㉕蓄積　㉖更新　㉗取引データ　㉘交通データ

㉙環境データ　㉚通信データ

㉛PDCAサイクル　㉜顔認証技術　㉝BtoC

㉞BtoB　㉟ICT　㊱CtoC

㊲オークション　㊳フリーマーケット　㊴民泊

㊵スキル　㊶プラットフォーマー　㊷フリマアプリ

㊸IoT　㊹遠隔操作　㊺見える化

㊻AI　㊼知能　㊽ディープラーニング

㊾㊿勘　経験(順不同)　51予測　52境界

53グローバル化　54統一化　55共通化

56少子高齢化　57縮小　58高付加価値

59モノ消費　60コト消費

▶Step問題　　　　　　　　　　　　　　p.9-10

❶ (1)A　(2)A　(3)A　(4)B　(5)A

❷ (1)消費者　(2)潜在顧客　(3)市場調査
　 (4)イノベーション　(5)○

❸ (1)B　(2)A　(3)A　(4)B　(5)A

❹ (1)○　(2)コト消費　(3)IoT
　 (4)ディープラーニング　(5)プラットフォーマー

❺ 例①消費者自身が自分のニーズを正しく理解し
　 ているとは限らないから。
　 ②消費者が自覚しているニーズをもとにつ
　 くったものは普通になってしまうから。
　 ③消費者が欲しいものを提供すると消費者を
　 不幸にしてしまうことがあるから。

■ 解答のポイント
　□教科書p.15のコラムの内容をもとに，消費
　 者の声に耳を傾け過ぎると失敗してしまうこ
　 とを記述しているか。

● **要点整理** p.11-12

①組織　②市場の動向　③マーケティング環境
④SWOT分析　⑤強み　⑥弱み　⑦機会　⑧脅威
⑨チャンス　⑩経営資源　⑪VRIO分析　⑫価値
⑬希少性　⑭模倣可能性　⑮組織　⑯マクロ環境
⑰ミクロ環境　⑱PEST分析　⑲政治的要因
⑳経済的要因　㉑社会的要因　㉒技術的要因
㉓ファイブ・フォーシズ分析　㉔小さい　㉕対抗度
㉖買い手(顧客)　㉗売り手(供給業者)
㉘新規参入　㉙代替品

▶ **Step問題** p.12

1 (1)ア　(2)ウ　(3)オ　(4)イ　(5)エ

● **要点整理** p.13-14

①マーケティング目標　②市場シェア
③④認知率　顧客満足(順不同)　⑤達成　⑥計画
⑦改善　⑧マーケティング・マネジメント
⑨PDCAサイクル　⑩自社　⑪内部環境
⑫外部環境　⑬マーケティング計画　⑭ターゲット
⑮消費者行動　⑯市場調査　⑰標的市場
⑱STP　⑲セグメンテーション
⑳ターゲティング　㉑ポジショニング
㉒マーケティング・ミックス　㉓4P政策
㉔製品政策　㉕価格政策　㉖チャネル政策
㉗プロモーション政策　㉘評価

▶ **Step問題** p.14-15

1 (1)B　(2)B　(3)B　(4)A　(5)A

2 (1)市場シェア　(2)○　(3)消費者行動
　(4)マーケティング・マネジメント　(5)○

3 (1)ウ　(2)イ　(3)オ　(4)エ　(5)ア

4 (1)イ　(2)ウ　(3)オ　(4)ア　(5)エ

5 例 日焼け止め市場におけるセグメンテーション
　　とは，若者，中年，高齢者といった年代と敏
　　感肌，乾燥肌，脂性肌といった肌質で，市場
　　(消費者)を分類することである。

■ **解答のポイント**

□指定された語(「年代」，「肌質」，「市場」)を用
　いたか。
□図の縦軸は年代，横軸は肌質である。これを
　基準とし細分化することを記述しているか。

◆ **探究問題 1** p.16

【解答例】　●参照：教科書p.26／4　マーケティング・マネジメント

1 出店する企業とその事業内容を書き出そう。

例
企業名	マクドナルド
事業内容	ハンバーガーを中心としたファーストフードチェーン

2 ①で書き出した企業のファイブ・フォーシズ分析を行い，その結果を書き出そう。

例　**対抗度**
モスバーガーやロッテリアなど企業数は多いが，市場の成長率は高いので，魅力は高いと考えられる。
買い手(顧客)
高校の近隣であるので，ハンバーガーは安いほうが良いと考えている。
売り手(供給業者)
世界各地で展開していて出店数が多いので，規模の経済が働くので価格交渉力は高い。
新規参入
さまざまな企業が参入しているが，まだ脅威になっていない。

3 ①で書き出した企業が行うことができるスマートフォンを使ったマーケティング活動について考えよう。

例　自社アプリをダウンロードしてもらって，クーポンを配信し，購買行動に繋げる。

■ **解答のポイント**

❶□具体的な企業名やその事業内容を書き出す
　ことができたか。
❷□ファイブ・フォーシズ分析の各項目につい
　てその要因を記述しているか。
❸□スマートフォンを使って実際にマーケティ
　ング活動ができる内容となっているか。

■ **重要用語の確認 1** p.17

(1)マーケティング・コンセプト
(2)生産志向　(3)製品志向　(4)販売志向
(5)消費者志向　(6)消費者ニーズ
(7)顧客創造　(8)社会志向
(9)コーズ・リレーテッド・マーケティング
(10)創造的適応　(11)プラットフォーマー
(12)ビッグデータ　(13)コト消費
(14)SWOT分析　(15)VRIO分析
(16)PEST分析　(17)ファイブ・フォーシズ分析
(18)マーケティング・マネジメント
(19)マーケティング・ミックス

2章 消費者行動の理解
1節 消費者の心理と行動の関係

要点整理 p.18

①消費者行動 ②購買 ③問題解決
④製品カテゴリー ⑤購買意思決定 ⑥心理
⑦購買意思決定過程 ⑧問題認識 ⑨情報探索
⑩代替品評価 ⑪商品選択 ⑫購買後行動
⑬クチコミ

▶Step問題 p.18

❶ (1)C (2)オ (3)E (4)エ (5)B (6)イ
(7)D (8)ア (9)A (10)ウ

2章 消費者行動の理解
2節 購買意思決定過程

要点整理 p.19-20

①問題認識 ②③理想 現実(順不同)
④ギャップ ⑤知覚
⑥情報探索 ⑦解決手段 ⑧内部情報探索
⑨外部情報探索 ⑩外部情報源 ⑪個人的情報源
⑫商業的情報源 ⑬公共的情報源
⑭代替品評価 ⑮比較 ⑯評価
⑰補償型ルール ⑱属性 ⑲多属性態度モデル
⑳非補償型ルール ㉑ヒューリスティクス
㉒連結型ルール ㉓辞書編纂型ルール
㉔商品選択 ㉕購買 ㉖購買意図
㉗予想外の状況 ㉘他者の態度
㉙売切れ ㉚品切れ
㉛購買後行動 ㉜消費 ㉝満足
㉞成果水準 ㉟期待水準 ㊱ロイヤルティ
㊲不満 ㊳期待不一致モデル
㊴認知的不協和 ㊵SNS ㊶クチコミ

▶Step問題 p.20-21

❶ (1)A (2)A (3)B (4)A (5)A
❷ (1)ア (2)ウ (3)オ (4)エ (5)イ
❸ (1)購買後行動 (2)○ (3)ロイヤルティ
(4)認知的不協和 (5)クチコミ
❹ 例自らの判断を肯定するようなクチコミや
ニュースを探し,自らの判断を正当化するこ
とで認知的不協和を軽減,解消する。

■解答のポイント

□自身の判断の正当性を後押しする情報を探す
ことを記述しているか。

2章 消費者行動の理解
3節 消費者行動に影響を与える要因

要点整理 p.22-23

①目標状態 ②方向付け ③動機付け
④マズローの欲求階層説
⑤目標階層構造 ⑥具体的な目標 ⑦態度
⑧全体的評価 ⑨感情 ⑩行動 ⑪認知 ⑫方向性
⑬強度 ⑭関与 ⑮製品関与 ⑯購買状況関与
⑰広告関与 ⑱精緻化見込みモデル
⑲中心ルート ⑳周辺ルート
㉑普及理論 ㉒準拠集団 ㉓Sカーブ
㉔イノベーター ㉕アーリー・アダプター
㉖アーリー・マジョリティ ㉗レイト・マジョリティ
㉘ラガード ㉙オピニオン・リーダー

▶Step問題 p.23

❶ (1)ア (2)オ (3)イ (4)ウ (5)エ
❷ 例特定の商品について豊富な専門知識を持ち,
クチコミの中心になることが多い,集団の意
思決定に大きな影響を及ぼす人物のこと。
アーリー・アダプターに含まれることが多い。

■解答のポイント

□指定された語(「意思決定」「専門知識」「クチ
コミ」「アーリー・アダプター」)を用いたか。
□消費者の意思決定に大きな影響を与える人物
であることを記述しているか。
□豊富な専門的知識に裏付けられる人物である
ことを記述しているか。
□クチコミの中心や原点であることを記述して
いるか。
□アーリー・アダプターがオピニオン・リーダー
になるケースが多いことを記述しているか。

【解答例】　　　　　　　●参照：教科書p.34／2　購買意思決定過程

❶ あなたがかつて購入した商品について，購買意思決定過程を考えよう。

例　(商品)〔　**スマート・ウオッチ**　〕
1　問題認識
・スポーツ中にも，メッセージを確認したい
・周囲の人に着けている人が多い
2　情報探索
(内部情報探索)
情報源　自分の経験
内容　A社のスマホを使っているのでA社のスマート・ウオッチが良い
(外部情報探索)
情報源　インターネットのクチコミ
内容　A社の製品は価格は高いが評価が高い。B社の製品はとてもファッショナブル。
3　代替品評価
(代替品)　A社，B社，C社
(代替品評価)・A社の製品は，評価も高く安心
・B社の製品は，自分のスマホと相性が悪い
・C社の製品は，価格が高い
4　商品選択
A社の製品を，〇〇〇駅前店(家電量販店)で購入した。
5　購買後行動
とても満足している。直営店で購入すればノベルティをもらえたことを知り，認知的不協和が生じた。着けている写真をSNSに投稿した。

■ 解答のポイント

☐ 具体的な商品名を記述しているか。
☐ 問題認識について，「解決すべき課題」を記述しているか。
☐ 情報探索について，内部情報探索と外部情報探索がきちんと区別され，それぞれを記述しているか。
☐ 代替品評価について，問題認識で認識された課題を解決する代替品を記述しているか。
☐ 商品選択について，どの商品を，どこ(どのチャネル)で購入したかを記述しているか。
☐ 購買後行動について，満足や不満，認知的不協和，クチコミなどの観点を記述しているか。

❷ あなたが購買した商品や購買しようと考えている商品についての目標階層構造を分析し，書き出そう。

例　具体的目標①(スマホより大きな画面でゲームがしたい)
具体的目標②(電車内で使いたい)
具体的目標③(動画もみたい)
〔目標状態〕(タブレット型パソコン)が欲しい

■ 解答のポイント

☐ 目標状態に，購買した商品や購買しようとしている商品を記述しているか。
☐ 具体的目標①に，最も満たしたい，基本的な目標を記述しているか。
☐ 具体的目標②に，具体的目標①を満たした次に抱く目標を記述しているか。同様に，具体的目標③に，より上位の目標を記述しているか。

■ 重要用語の確認 2　　　　　　　　　　　p.25

(1)製品カテゴリー　(2)購買意思決定
(3)問題認識　(4)情報探索
(5)内部情報探索　(6)外部情報探索
(7)代替品評価　(8)補償型ルール
(9)多属性態度モデル　(10)非補償型ルール
(11)商品選択　(12)購買意図　(13)購買後行動
(14)ロイヤルティ　(15)期待不一致モデル
(16)認知的不協和　(17)動機付け
(18)マズローの欲求階層説　(19)目標階層構造
(20)態度　(21)関与　(22)普及理論　(23)準拠集団
(24)オピニオン・リーダー

3章 市場調査
1節 市場調査の概要

● 要点整理 p.26

①市場調査　②マーケット・リサーチ

③マーケティング・リサーチ　④既存資料

⑤実態調査　⑥⑦顧客データ　財務諸表(順不同)

⑧内部資料　⑨白書　⑩統計資料　⑪外部資料

⑫定性調査　⑬定量調査

▶Step問題 p.26

❶　(1)B　(2)A　(3)A　(4)B　(5)B

❷　**例** 商品や消費者をはじめとした市場に関する情報について調べる調査を市場調査(マーケット・リサーチ)というのに対して，それに環境分析を含めた企業が行う調査の総称をマーケティング・リサーチという。

■解答のポイント

□指定された語(「市場」「消費者」「環境分析」)を用いたか。

□マーケット・リサーチが消費者を中心とした市場の調査であることを記述しているか。

□マーケティング・リサーチには環境分析などが含まれ，マーケット・リサーチよりも大きな概念であることを記述しているか。

3章 市場調査
2節 市場調査の手順

● 要点整理 p.27

①現状把握　②仮説導出　③仮説検証

④既存資料を利用した調査　⑤実態調査　⑥仮説

⑦調査仮説　⑧因果関係　⑨予備調査　⑩本調査

▶Step問題 p.27

❶　(1)イ　(2)オ　(3)ウ　(4)ア　(5)エ

3章 市場調査
3節 仮説検証の手順

● 要点整理 p.28-29

①予備調査　②③事前調査　略式調査(順不同)

④消費者モニター　⑤モニター調査

⑥本調査　⑦母集団　⑧記述統計　⑨クロス集計

⑩統計解析　⑪全数調査　⑫標本調査

⑬標本　⑭標本抽出　⑮有意抽出法

⑯無作為抽出法　⑰乱数表　⑱単純無作為抽出法

⑲系統的抽出法(等間隔抽出法)

⑳層化抽出法　㉑多段抽出法

▶Step問題 p.29

❶　(1)消費者モニター　(2)○　(3)全数調査
　　(4)有意抽出法　(5)層化抽出法

❷　(1)イ　(2)ウ　(3)ア　(4)エ　(5)オ

3章 市場調査
4節 実態調査の方法

● 要点整理 p.30-31

①数値化　②定性調査

③観察法　④参与観察　⑤ラポール　⑥統制的観察

⑦⑧通行量調査　脳波調査(順不同)

⑨インタビュー法　⑩フォーマル・インタビュー

⑪インフォーマル・インタビュー

⑫半構造化インタビュー　⑬デプス・インタビュー

⑭フォーカス・グループ・インタビュー

⑮定量調査　⑯アンケート　⑰質問票

⑱質問票調査　⑲郵送法　⑳回収率　㉑電話法

㉒RDD　㉓面接法　㉔留め置き法

㉕インターネット調査法

㉖実験計画法　㉗テスト・マーケティング

▶Step問題 p.31

❶　(1)インフォーマル・インタビュー
　　(2)フォーカス・グループ・インタビュー　(3)○
　　(4)留め置き法　(5)テスト・マーケティング

❷　**例**

定性調査

(メリット) 調査前の段階で思いもつかなかったデータを得ることがある。

(デメリット) 手間がかかり，多くの対象を調べることが難しい。

定量調査

(メリット) 多くの対象を調査することができ，全体の傾向の把握が容易である。

(デメリット) 調査中に新たなデータを収集することができない。

■解答のポイント

□定性調査には，言葉や文章といったより深いデータが得られるメリットがある反面，実施や分析に多くの手間がかかるデメリットがあることを記述しているか。

□定量調査には，数字による比較が容易なデータが得られるメリットがある反面，事前に用意された回答しか得られないデメリットがあることを記述しているか。

[解答例] ●参照：教科書p.46-49／2　市場調査の手順　3　仮説検証の手順

① 市場調査の手法を用い，身近な問いについて，現状把握と仮説導入，仮説検証について考えよう。

	(1)　1年生の漢字検定受験者数	(3)-①書道選択者数	(3)-②○○中学出身者数	(3)-③英語検定受験者数
R○1 年	(2) 42名	(4) 52名	(4) 18名	(4) 53名
R○2 年	(2) 38名	(4) 50名	(4) 23名	(4) 47名
R○3 年	(2) 35名	(4) 53名	(4) 11名	(4) 43名
R○4 年	(2) 48名	(4) 45名	(4) 14名	(4) 60名
R○5 年	(2) 42名	(4) 55名	(4) 17名	(4) 55名

(5)　**調査仮説**

英語検定受験者数が多い年ほど，漢字検定受験者数が多くなる。

(6)　**調査計画**

・調査対象　全校生徒を母集団として，層化抽出法によって抽出された100人

・調査方法　アンケート調査で，それぞれの検定への関心の強さを調べる。

■解答のポイント

(1)□身近な問いについて考え決定することができたか。

(2)□身近な問いについて，現状把握に必要なデータを記述することができたか。

(3)□(1)で考えた問題と関係する可能性があるデータについて思考し，記述することができたか。データは人数に限らず，気温や日数，経済指標などでも良い。

(4)□それぞれのデータを収集することができたか。

(5)□調査仮説について，因果関係で記述することができたか。

(6)□調査仮説を検証するための調査計画を記述することができたか。

■重要用語の確認 **3**   p.33

(1)市場調査（マーケット・リサーチ）

(2)マーケティング・リサーチ

(3)実態調査　(4)現状把握　(5)仮説導出　(6)調査仮説

(7)仮説検証　(8)予備調査　(9)消費者モニター

(10)本調査　(11)母集団　(12)クロス集計　(13)統計解析

(14)全数調査　(15)標本調査　(16)標本　(17)有意抽出法

(18)無作為抽出法　(19)定性調査　(20)観察法

(21)参与観察　(22)インタビュー法　(23)定量調査

(24)ラポール　(25)テスト・マーケティング

4章 STP

1節 セグメンテーション

● 要点整理   p.34

①市場　②STP　③セグメンテーション

④ターゲティング　⑤ポジショニング

⑥市場細分化　⑦セグメント　⑧多様化　⑨時間

⑩費用　⑪顧客満足

⑫人口統計的変数（デモグラフィック変数）

⑬データ　⑭心理的変数（サイコグラフィック変数）

⑮ライフスタイル　⑯主観的　⑰測定可能性

⑱利益可能性　⑲到達可能性　⑳実行可能性

▶Step問題   p.35

1 (1)A　(2)B　(3)A　(4)A　(5)B

2 (1)ウ　(2)イ　(3)オ　(4)ア　(5)エ

3 例 消費者ニーズの多様化によって一人ひとり細かく違ったニーズを持っているが，製品やサービスを一人ひとりに合わせるには，多大な時間や膨大な費用が必要になるため。

■解答のポイント

□消費者ニーズの多様化によって，ニーズも一人ひとり細かくなっていることを踏まえて記述しているか。

□一人ひとりのニーズに合わせることが非効率的であることを記述しているか。

4章 STP

2節 ターゲティング

● 要点整理   p.36

①セグメント　②ターゲット

③コンビニエンスストア　④クーポン

⑤スーパーマーケット　⑥新聞　⑦明確

⑧誰の　⑨ニーズ　⑩魅力的　⑪目標　⑫価格

⑬広告内容　⑭評価　⑮利益可能性　⑯利益

⑰リスク

▶Step問題   p.37

1 (1)ウ　(2)ア　(3)オ　(4)エ　(5)イ

2 (1)オ　(2)エ　(3)イ　(4)ア　(5)ウ

3 例 ご飯を自分で炊かない一人暮らしの若者から，平日の昼間に一人で家にいることの多い主婦にターゲットを変更した。

■解答のポイント

□教科書p.66の事例を踏まえ，当初のターゲットと，変更したターゲットを記述しているか。

● 要点整理　p.38

①イメージ　②ターゲット　③高級　④お手頃
⑤立案段階　⑥一貫　⑦ポジショニング・マップ
⑧競合企業　⑨違い　⑩差別化　⑪価格競争
⑫難しく　⑬重ならない　⑭空き地　⑮独創的
⑯創造的なポジショニング　⑰強み

▶ Step問題　p.39

① (1)エ　(2)イ　(3)オ　(4)ウ　(5)ア

② (1)○　(2)リポジショニング　(3)重ならない
(4)創造的　(5)○

③ **例** ソフトかハードかという食感や，ジューシー
かあっさりかという味で考えられていた軸を，
さけるかさけないかという創造的な軸によっ
てポジショニングをした。

■ 解答のポイント

□教科書p.71の事例を踏まえ，どのように創
造的な軸によってポジショニングしたかを記
述しているか。

◆ 探究問題 4　p.40

【解答例】●参照：教科書p.63-71／1 セグメンテーション　2 ターゲティング　3 ポジショニング

❶ あなたのクラスの生徒を5～10人ほどの人数になるように地理的変数で細分化し，それぞれのセグメントを書き出そう。

地理的変数
例 横浜市南区に住んでいる生徒
　　横浜市西区に住んでいる生徒　など

❷ テレビCMやインターネット広告などを見て，高校生をターゲットとしていると考えた企業や商品を書き出そう。

例 女子高生に人気のアイドルグループをCMに起用した
チョコレート菓子。

❸ ②で挙げた企業や商品の売上をさらに伸ばすために新たなターゲットを設定するとしたら，どのようなターゲットが良いか考えよう。

例 チョコレートは子どもに人気があるため，小中学生
に人気のアニメキャラクターをCMに起用することで，
ターゲットの年齢層を低くする。

❹ ②で挙げた企業や商品の売上をさらに伸ばすためにリポジショニングをするとしたら，どのようにすると良いか考えよう。

例 集中力を高める，血圧を下げる，動脈硬化を予防す
るなど，味とともにカカオの効果や効能をアピールし，
健康にもよいことを前面に出すようにする。

■ 解答のポイント

❶ □地理的変数にあてはめて細分化することができたか。

❷ □実際にCMやインターネット広告を見て，高校生をターゲットにしていると感じた商品を挙げることができたか。

❸ □ある一定の根拠に基づいて，現在とは異なるターゲットを設定できているか。

❹ □ある一定の根拠に基づいて，現在とは異なるポジションにリポジショニングできているか。

■ 重要用語の確認 4　p.41

(1)STP　(2)マス・マーケティング
(3)セグメンテーション　(4)セグメント
(5)ワン・トゥ・ワン・マーケティング
(6)人口統計的変数(デモグラフィック変数)
(7)心理的変数(サイコグラフィック変数)
(8)地理的変数(ジオグラフィック変数)
(9)社会文化的変数　⑽行動的変数　⑾ペルソナ
⑿ターゲティング　⒀ターゲット
⒁ポジショニング　⒂リポジショニング
⒃ポジショニング・マップ　⒄差別化　⒅価格競争
⒆創造的なポジショニング

● 要点整理　　　　　　　　　　　　　　p.42-43

①消費者ニーズ　②イノベーション
③開発　④改良　⑤追加　⑥製品政策
⑦便益　⑧⑨機能　価値(順不同)　⑩便益の束
⑪束　⑫消費者　⑬マーケティング・マイオピア
⑭製品　⑮ニーズ　⑯競合製品　⑰顧客
⑱売上　⑲競合　⑳エンターテインメント
㉑サービス　㉒ウォンツ
㉓長期間　㉔耐久財(耐久消費財)　㉕短期間
㉖非耐久財(非耐久消費財)　㉗低価格　㉘最寄品
㉙買回品　㉚強い　㉛専門品

▶Step問題　　　　　　　　　　　　　　　　p.44

1 (1)ウ　(2)ア　(3)オ　(4)エ　(5)イ

2 (1)A　(2)B　(3)A　(4)C　(5)B

3 例便益とは，製品が提供してくれる機能や価値
のことである。椅子は，座る以外に，カバン
の置き場所にもなる。背もたれには洋服がか
けられるし，高いものを取るための台として
も使えるなど，製品には複数の便益があるた
め，便益の束と表現している。

■ 解答のポイント

❸□製品が提供してくれる機能や価値である便
益について記述しているか。また，椅子を
例にして，便益の束について説明できてい
るか。

● 要点整理　　　　　　　　　　　　　　p.45-46

①製品ミックス　②製品ライン　③幅広く
④製品アイテム　⑤ブランド名　⑥ブランド
⑦企業ブランド　⑧製品ブランド　⑨ライン拡張
⑩ブランド拡張　⑪異なる　⑫消費者
⑬マルチブランド　⑭同じ　⑮複数
⑯新ブランド　⑰カテゴリー
⑱アイディア創出　⑲創出　⑳市場調査　㉑不満
㉒アイディア・スクリーニング　㉓事業性
㉔ブレーンストーミング　㉕コンセプト開発
㉖ターゲット　㉗プロトタイプの製作　㉘試作品
㉙テスト・マーケティング　㉚限定
㉛市場導入　㉜販売地域

▶Step問題　　　　　　　　　　　　　　p.46-47

1 (1)A　(2)B　(3)A　(4)B　(5)B

2 (1)オ　(2)エ　(3)イ　(4)ウ　(5)ア

3 (1)ア　(2)オ　(3)ウ　(4)イ　(5)エ

4 例製品ミックスの幅とは，製品ラインの数のこ
とである。これは，企業が置かれた状況に応
じて絞ったり幅広くしたりする。一方，製品
ミックスの深さとは，一つの製品ラインの中
にある製品アイテムの数のことである。

● 要点整理　　　　　　　　　　　　　　p.48-49

①利益　②販売計画　③売上　④販売数
⑤販売目標　⑥損益分岐点　⑦採算性
⑧固定費　⑨販売予算　⑩販売費及び一般管理費
⑪販売員　⑫販売数　⑬目標　⑭販売予測
⑮在庫数　⑯予測　⑰幅　⑱数量ベース
⑲金額ベース　⑳需要　㉑時系列分析
㉒移動平均法　㉓指数平滑法　㉔精度
㉕生産計画　㉖生産　㉗人員　㉘季節
㉙生産設備　㉚生産工程

▶Step問題　　　　　　　　　　　　　p.49-51

1 (1)ウ　(2)ア　(3)イ　(4)エ　(5)オ

2 (1)イ　(2)ウ　(3)ア　(4)オ　(5)エ
　　(4)移動平均法の計算式
　　$(76,000+77,000+84,000)\div3=79,000$
　　(5)指数平滑法の計算式
　　$0.8\times84,000+0.2\times0.8\times77,000+0.2\times0.2\times0.8$
　　$\times76,000=81,952$

3 (1)エ　(2)イ　(3)ア　(4)オ　(5)ウ

4 例販売予測を行う際には，上限値と下限値のよ
うに予測にある程度の幅を持たせることで
「予測が大きく外れない」ようにするとよい。

5 (1)イ　(2)ア　(3)オ　(4)エ　(5)ウ

6 例①販売が見込まれる数や，売れる時期やタイ
ミングを検討する。
②生産設備や生産工程を考慮する。

■ 解答のポイント

❹□指定された語(「上限値」「下限値」「幅」)を
用いたか。
❻□生産計画の特徴を記述しているか。

● **要点整理**　　　　　　　　　　　　p.52-53

①ブランド　②商標　③信頼の証　④保証機能

⑤責任　⑥識別機能　⑦区別

⑧想起機能　⑨イメージ　⑩ブランディング

⑪製品　⑫サービス　⑬付加価値　⑭ブランド要素

⑮表現　⑯ブランド認知　⑰想起集合　⑱第一想起

⑲ブランド・イメージ　⑳ブランド・ロイヤルティ

㉑顧客満足　㉒愛着　㉓リピーター　㉔クチコミ

㉕競合企業　㉖アイディア　㉗共同開発

㉘PB商品　㉙質　㉚短時間　㉛リスク

㉜公開　㉝オープン・イノベーション

▶ **Step問題**　　　　　　　　　　　　p.54-55

❶ (1)**イ**　(2)**オ**　(3)**ウ**　(4)**ア**　(5)**エ**

❷ (1)**エ**　(2)**ウ**　(3)**イ**　(4)**オ**　(5)**ア**

❸ (1)B　(2)A　(3)A　(4)B　(5)A

❹ **例**ブランディングは，ブランド要素つくる，ブ
　　ランド認知を高める，ブランド・イメージを
　　上げる，という三つの段階によって行われる。

❺ **例**製品の性能や機能に満足するだけでなく，ブ
　　ランドに対して好意や愛着を感じることで，
　　製品に対する満足にブランドに対する満足が
　　付け足されるから。

❻ **例**上位20％の優良顧客が，企業の売上の80％
　　を占めるのであれば，ブランド・ロイヤルティ
　　を高めて優良顧客を繋ぎとめておくことが大
　　切である。

■ **解答のポイント**

❹□ブランディングを行うための，三つの段階
　　を記述しているか。

❺□製品への満足に加えて，ブランドに対する
　　満足を記述しているか。

❻□パレートの法則を顧客にあてはめて考えら
　　れているか。

◆ **探究問題 5**　　　　　　　　　　　p.56

【解答例】　●参照：教科書p.95／特集　サービス・ドミナント・ロジック

❶ あなたが最近，購入した製品と，購入した目的を書き出そう。

> **例**　購入した製品：オレンズ
> 　　購入した目的：授業でノートを書くため。芯が折れ
> 　　　　る心配なく力強く書きたいため。

❷ ①の製品で，あなたに提供された企業の技能や知識は何か，書き出そう。

> **例**　**技能**：芯を出さずに書くペン先づくりの技術
> 　　**知識**：集中力を保ちながら書く方法・細い芯でも力
> 　　　　を入れて書ける方法

❸ 製品の価値は，企業が意図した使い方とは異なるかたちで，価値共創として消費者が新たにつくることもできます。あなたが100円均一のグッズなどで，本来の使い方とは異なるかたちでアレンジした使い方をしているものを書き出そう。

> **例**・コップをペン立てにする　・名刺入れに遊戯王カー
> 　　ドを入れる　・ペンスタンドにチューブ調味料　・ラ
> 　　ンドリーバッグをおもちゃ入れにする　・使い古した
> 　　タオルを雑巾にする

❹ SDロジックの考え方に基づくと，企業は製品を売って終わりではなく，製品を売ってそれに付随するサービスを展開することによってビジネスチャンスが増えます。製品を一つ取り上げて，その製品を軸にどのようなビジネスの広がりがあるか考えよう。

> **例**・メガネ：眼鏡に似合う洋服のコーディネート講座
> 　　・PC作業で目も肩も，体が疲れない姿勢講座　・ベッド：
> 　　眠りやすい入眠前の行動，寝相を検知するIoT，歯軋り
> 　　やいびき防止

■ **解答のポイント**

❶□身近な製品や購入目的を記述しているか。

❷□製品を通じて提供されている技能や知識を
　　考えることが出来たか。

❸□製品をアレンジした別の使い方を記述して
　　いるか。

❹□SDロジックの考え方を活用して，新たな
　　ビジネスチャンスを考えることができた
　　か。

■ **重要用語の確認 5**　　　　　　　　p.57

(1)製品政策　(2)便益（ベネフィット）　(3)ニーズ

(4)製品ミックス　(5)製品ライン　(6)製品アイテム

(7)アイディア・スクリーニング

(8)ブレーンストーミング　(9)製品コンセプト

(10)販売計画　(11)販売目標　(12)損益分岐点

(13)移動平均法　(14)指数平滑法

(15)生産計画　(16)ブランド　(17)商標

(18)ブランディング　(19)ブランド・ロイヤルティ

(20)共同開発　(21)オープン・イノベーション

(22)サービス・ドミナント・ロジック

● 要点整理　p.58

①価格　②価格政策　③利益　④上がり　⑤下がる

⑥競争価格　⑦管理価格　⑧高い

⑨プライスリーダー　⑩公定価格　⑪統制価格

⑫支出の痛み　⑬減らし　⑭品質のバロメーター

⑮品質　⑯プレステージ性　⑰社会的地位

▶Step問題　p.59

❶ (1)A　(2)A　(3)B　(4)B　(5)A

❷ (1)エ　(2)ア　(3)オ　(4)ウ　(5)イ

❸ 例自社の製品やサービスの価格を設定する価格政策は，自社の売上や利益に直接影響を与えるから。

■解答のポイント

❸□価格政策がどのような活動で，どのような目的を持っているのかについて記述しているか。

● 要点整理　p.60-62

①コスト・プラス法　②実勢価格

③ポジショニング　④参照価格

⑤市場調査　⑥端数価格　⑦お買い得

⑧プレステージ性　⑨威光価格　⑩名声価格

⑪品質　⑫市場浸透価格　⑬ペネトレーション価格

⑭価格弾力性　⑮上澄吸収価格　⑯スキミング価格

⑰敏感　⑱セグメント　⑲優位性

⑳最大化　㉑ライニング　㉒カテゴリー

㉓商品選択　㉔バンドリング　㉕組み合わせた

㉖人気商品　㉗在庫　㉘キャプティブ

㉙無料　㉚利益　㉛安く　㉜収益

㉝再販売価格維持行為　㉞不利益　㉟独占禁止法

㊱希望小売価格　㊲建値制　㊳リベート

㊴販売奨励金　㊵オープン価格制　㊶値引き

㊷ブランド・イメージ

▶Step問題　p.62-64

❶ (1)コスト・プラス法　(2)2万　(3)200
　(4)1,000　(5)250　(6)1,250

❷ (1)○　(2)実勢価格　(3)○
　(4)エブリデー・ロー・プライシング（EDLP）
　(5)上澄吸収価格（スキミング価格）

❸ (1)ライニング価格

(2)市場浸透価格（ペネトレーション価格）

(3)○　(4)キャプティブ価格

(5)威光価格（名声価格）

❹ (1)○　(2)○　(3)独占禁止法
　(4)損益分岐点　(5)オープン価格制

❺ (1)B　(2)B　(3)A　(4)A　(5)B

❻ 例同時に使用する商品のうち，どちらか一方の価格を安く，または無料にすることで消費者をひきつけ，もう一方の商品の販売で利益が出るように設定される価格。

❼ 例他の企業から模倣されやすい新製品の場合や，対象とするセグメントが価格に敏感な場合などの，価格弾力性が高い場合に採用される。

■解答のポイント

❻□どちらか一方の商品は安くし，もう一方の商品で収益を上げる価格設定であることを記述しているか。

❼□価格弾力性が高い場合に用いられるということと，セグメントが価格に敏感な場合に用いられるということを記述しているか。

● 要点整理　p.65-66

①課金　②フリーミアム　③利用期間

④サブスクリプション（定額制）　⑤消費財

⑥需要　⑦ダイナミック・プライシング

⑧自由　⑨ペイ・ワット・ユー・ウォント方式

⑩CtoC　⑪価格交渉方式　⑫現金

⑬低い　⑭決済端末導入　⑮決済手数料

⑯接触型決済　⑰非接触型決済　⑱コード型決済

⑲クレジットカード　⑳タッチ　㉑QRコード

㉒生産性　㉓分析　㉔商品　㉕改善

㉖セキュリティ対策

▶Step問題　p.66-67

❶ (1)B　(2)B　(3)A　(4)B　(5)A

❷ (1)接触型決済　(2)○
　(3)セキュリティ　(4)QR　(5)現金

❸ 例日本では，特に中小企業などで売上金が入金されるまで時間がかかることや，決済端末の導入の費用や決済手数料が高いために，導入をためらうケースが多い。

❹ 例小売店の負担する導入コストや決済手数料が安いため。

❹□教科書p.111の普及率のグラフや教科書の
側注の記述から，特に中小の小売企業が導
入をためらう理由を記述しているか。

◆探究問題 **6**　　　　　　　　　　　　　　p.68

[解答例]　　　　●参照：教科書p.109／3　価格政策の動向

❶ あなたが知っている近隣のお店の，具体的な価格政策を書き出そう。

> 例　サーティワンアイスクリームのサブスクリプション

❷ サブスクリプションやダイナミック・プライシングといった新しい価格政策を導入しているサービスを調べ，具体的な内容を書き出そう。

> 例　**サブスクリプション**：Apple musicの音楽配信サービス・Netflixなどの動画配信サービスで定額で好きな音楽や動画を見放題。
> 　　**ダイナミック・プライシング**：プロスポーツの試合チケットで試合日程，席種，天候などビッグデータで需要予測を行い，価格変動によるチケット販売を行う。

❸ ②の価格政策により，どのような効果がうまれているかを小売店，消費者の視点から考えよう。

> 例　**小売店の効果**：サブスクリプションによって継続的な売上を得ることができ，コストをかけずにリピーターを増やすこともできる。また，顧客の統計データを取りやすい。
> 　　**消費者の効果**：サブスクリプションによって，さまざまな種類の商品を試すことができるなど，ひとつひとつを購入するよりもお得。

❹ 近隣のお店にどのような価格政策が新たに導入されたら利用したい，購入したいと思うかを考えよう。

> 例　スポーツ用品店でのテニスラケットのメンテナンス（ガット張替）のサブスクリプション，など。

❶□身近な価格政策を取り上げることができたか。
❷□新しい価格政策を取り上げ具体的に記述しているか。
❸□小売店や消費者の視点から，価格政策の効果を考えることができているか。
❹□自らの考えを創造的に導き出すことができているか。

(1)競争価格　(2)プライスリーダー　(3)支出の痛み
(4)品質のバロメーター　(5)プレステージ性
(6)コスト・プラス法　(7)実勢価格
(8)参照価格　(9)端数価格　(10)威光価格(名声価格)

(11)慣習価格
(12)市場浸透価格(ペネトレーション価格)
(13)上澄吸収価格(スキミング価格)
(14)ライニング価格　(15)バンドリング価格
(16)キャプティブ価格　(17)フリーミアム
(18)サブスクリプション(定額制)
(19)ダイナミック・プライシング
(20)ペイ・ワット・ユー・ウォント方式
(21)価格交渉方式　(22)非接触型決済

● 要点整理　　　　　　　　　　p.70

①チャネル政策　②チャネル　③直接流通

④間接流通　⑤小売業　⑥卸売業　⑦商流　⑧物流

⑨情報流

▶Step問題　　　　　　　　　　p.70

❶ ①卸売業　②小売業　③運輸業　④倉庫業

　⑤卸売業　⑥小売業　⑦広告代理店

　⑧メディア

❷ 例 直接流通は多くの費用がかかるから。

7章 チャネル政策
2節 **チャネルの選択と管理**

● 要点整理　　　　　　　　　　p.71-72

①長く　②収集　③短く　④一次卸　⑤二次卸

⑥三次卸　⑦流通業　⑧削減　⑨BtoC

⑩消費財　⑪BtoB　⑫生産財

⑬長いチャネル　⑭短いチャネル

⑮排他的チャネル　⑯選択的チャネル

⑰開放的チャネル　⑱チャネル管理

⑲⑳関連購買　比較購買(順不同)

㉑販路　㉒販売店援助　㉓リベート

㉔売れ筋商品　㉕死に筋商品　㉖広告　㉗指名買い

▶Step問題　　　　　　　　　　p.73

❶ (1)**ウ**　(2)**オ**　(3)**ア**　(4)**イ**　(5)**エ**

❷ (1)15回(3×5人)　(2)8回(3人+5人)

(1)卸売業がいない場合

(メーカー3人，小売業5人)

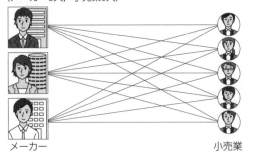

メーカー　　　　　　　　　　小売業

(2)卸売業がいる場合

(メーカー3人，卸売業1人，小売業5人)

メーカー　　　　卸売業　　　　小売業

❸ 例 家電製品の販売においては，室内への設置や
継続的なメンテナンスなど，地域に密着した
系列店が重要な役割を果たすため。

■ 解答のポイント

□指定された語(「室内への設置」「定期的なメ
ンテナンス」「系列店」)を用いているか。

□設置やメンテナンスの面で地域に密着した系
列店に優位性があることを記述しているか。

7章 チャネル政策
3節 **チャネル政策の動向**

● 要点整理　　　　　　　　　　p.74-75

①POSシステム　②販売情報　③単品　④EOS

⑤EDI　⑥ICタグ　⑦RFID　⑧製販連携

⑨サプライ・チェーン

⑩サプライ・チェーン・マネジメント　⑪SCM

⑫カテゴリー・マネジメント　⑬製造小売業

⑭SPA

⑮⑯PB商品　プライベート・ブランド商品

(順不同)

⑰差別化　⑱プレミアムPB商品

⑲⑳NB商品　ナショナル・ブランド商品

(順不同)

㉑インターネット通販

㉒㉓EC　電子商取引

(順不同)

㉔実店舗　㉕オムニチャネル　㉖ショールーミング

▶Step問題　　　　　　　　　　p.76-77

❶ (1)**ア**　(2)**イ**　(3)**エ**　(4)**オ**　(5)**ウ**

❷ (1)EDI　(2)RFID

　(3)サプライ・チェーン　(4)○　(5)SPA

❸ (1)CtoC　(2)リアル　(3)オムニチャネル

　(4)○　(5)ショールーミング

❹ ①**エ**　②**ア**　③**ウ**　④**イ**　⑤**オ**

⑤ **例**自社で企画，生産した商品を，自社の店舗で販売するため，消費者にどのような商品が好まれるのか，商品にどのような問題があるのかなどの情報を的確に捉えることができ，より市場に適合した活動が可能になるというメリットがある。

■解答のポイント

☐指定された語（「自社の店舗」「情報」「市場」「消費者」）を用いているか。

☐自社の店舗で販売することによって，消費者の情報が得られることを記述しているか。

☐市場に適合した活動が可能になることを記述しているか。

⑥ **例**オムニチャネルとは，あらゆる販路という意味であり，ネットやリアルなど自社のさまざまな販路を巧みに組み合わせ，新たな買い物体験を提供しようという考え方である。

■解答のポイント

☐指定された語（「ネット」「リアル」「販路」）を用いているか。

☐オムニチャネルが複数の販路を組み合わせることで，新たな販路を実現しようとする取り組みであることを記述しているか。

◆ 探究問題 **7**　　　　　　　　　　　　　　　p.78

【解答例】　　　　　　　　　●参照：教科書p.122／3　チャネル政策の動向

❶ 原材料や部品などの不足によりサプライ・チェーンが寸断され，供給不足になった商品を調べよう。そして，その原材料や部品などが不足した原因を調べよう。

> **例**（商品）
> 自動車／フライドポテト
> （原因）
> 感染症による半導体工場の操業停止／産地の天候不良
> （原材料や部品）
> 半導体／ジャガイモ

■解答のポイント

☐供給不足になった商品を記述しているか。

☐供給不足になった原因を記述しているか。

☐供給不足の原因となった原材料や部品について記述しているか。

❷ SPAと思われる企業を一つ選び，その企業の商品と比較購買される商品を製造するメーカーを一つ考えよう。そして，SPAの商品の強みや魅力，イメージについて自由に書き出そう。

> **例**（SPAの企業）　ワークマン
> （比較する企業）　ノースフェイス
> （強みや魅力，イメージ）
> ・価格が安いが機能は十分
> ・大量販売されているイメージ

■解答のポイント

☐SPAの形態をとる企業を記述しているか。そして，比較購買の対象となる企業を記述しているか。

☐選んだ企業間の比較により，SPAの強みや魅力，イメージなどを記述しているか。

❸ コンビニエンスストアなどで販売されている，カップ麺やスナック菓子などのPB商品を一つ選び，比較購買されるNB商品を一つ考えてみよう。そして，それぞれの商品について，価格や強み，イメージなどを自由に書き出そう。

> **例**
> （PB商品）
> セブンプレミアム　ポテトチップス　濃厚コンソメ味
> 味や品質が良い割には，価格が安いイメージ
> （NB商品）
> カルビー　ポテトチップス　コンソメWパンチ
> 少し高いが，安心して買えるイメージ

□PB商品と比較購買されるNB商品について,
書き出すことができたか。

□それぞれの商品の価格,強み,イメージなど
を記述しているか。

④ 「ネット」と「リアル」が組み合わされたオムニチャネルの事例を書き出そう。

> 例　A社は,ネットで注文した飲料を,普段,事業所や家
> 庭に訪問販売をしている社員が,自宅に届けてくれる。

□ネットとリアルが組み合わされた事例につい
て自由に書き出すことができたか。

⑤ あなたやあなたの周囲の人が行ったショールーミングについて,①商品,②訪れた実店舗,③実際に購入したインターネット通販店舗を書き出そう。

> 例① 掃除機
> ② 家電量販店　○○電気
> ③ 価格比較ができるWebサイトで見つけた□□商店

□ショールーミングを行った事例について,商
品,実店舗,ネット通販店舗を書き出すこと
ができたか。

p.79

(1)チャネル　(2)直接流通　(3)排他的チャネル
(4)選択的チャネル　(5)開放的チャネル
(6)チャネル管理　(7)関連購買　(8)比較購買
(9)販売店援助
(10)指名買い　(11)EOS　(12)EDI　(13)ICタグ
(14)RFID　(15)サプライ・チェーン
(16)サプライ・チェーン・マネジメント(SCM)
(17)カテゴリー・マネジメント
(18)製造小売業(SPA)
(19)PB商品(プライベート・ブランド商品)
(20)NB商品(ナショナル・ブランド商品)
(21)インターネット通販　(22)実店舗
(23)リアル　(24)オムニチャネル
(25)ショールーミング

8章 プロモーション政策
1節 プロモーション政策の概要

● 要点整理　p.80

①コミュニケーション　②③④⑤広告　広報
セールス・プロモーション　販売員活動(順不同)
⑥ソーシャルメディア　⑦購買　⑧AIDMA
⑨注目　⑩興味　⑪欲求　⑫記憶　⑬行動
⑭AISAS　⑮検索　⑯共有

▶Step問題　p.80

❶ (1)B　(2)A　(3)B　(4)A　(5)A

8章 プロモーション政策
2節 プロモーションの種類(1)

● 要点整理　p.81-84

①メディア　②有料　③需要創造機能　④説得機能
⑤イメージ形成機能　⑥文化的機能　⑦短期間
⑧多数　⑨テレビCM　⑩番組提供CM
⑪スポットCM　⑫音声　⑬想像力　⑭ながら聴取
⑮報道メディア　⑯信頼性　⑰定期購読
⑱ターゲット　⑲専門性　⑳閲読率
㉑Webサイト　㉒閲覧　㉓屋外広告　㉔交通広告
㉕地元　㉖OOH　㉗折込広告　㉘曜日　㉙地域
㉚安価　㉛直接送付　㉜ダイレクトメール(DM)
㉝無料　㉞フリーペーパー　㉟広告計画
㊱広告目標　㊲広告効果　㊳STP
㊴㊵使用者　購入者(順不同)
㊶複数　㊷ビークル
㊸㊹映像　音声(順不同)　㊺㊻文字　画像(順不同)
㊼what to say　㊽how to say　㊾ビジュアル
㊿コピー　51トーン＆マナー　52広告効果
53行動効果　54心理効果　55ステークホルダー
56PR　57無料　58 59円滑　効果的(順不同)
60 61信頼感　ブランド・イメージ(順不同)
62アカウント　63双方向　64配慮　65炎上
66プレスリリース　67パブリシティ　68信頼
69注目　70公式サイト　71自社　72情報収集
73スポンサーシップ　74道具　75大会　76命名権
77看板　78投資家(株主)　79IR　80情報開示
81投資　82インターナル・コミュニケーション
83内部情報　84モチベーション　85工場見学
86パブリック・アフェアーズ　87人材募集

▶Step問題　p.85-86

❶ (1)イ　(2)ウ　(3)ア　(4)オ　(5)エ
❷ (1)ボディコピー　(2)ビークル

(3)トーン＆マナー　(4)心理効果　(5)○

③ (1)**オ**　(2)**ア**　(3)**イ**　(4)**ウ**　(5)**エ**

④ 例売上の増加は広告以外の要因にも関係するため，広告の出稿期間に売上が増加しても，広告だけの効果であるとは言えないから。

■解答のポイント
□指定された語（「効果」）を用いているか。
□コラムを参考にする。広告以外にも商品の売上が増加する要因があるため，適切でないということを記述しているか。

⑤ ①企業広告の目的
　例企業の活動や理念を伝えること。
　②商品広告の目的
　例製品やサービスの情報を伝えること。
　③公共広告の目的
　例マナーアップなど公共の福祉を向上させること。
　④人材募集広告の目的
　例人材を募集すること。

■解答のポイント
□コラムを参考にそれぞれの目的を記述しているか。

⑥ 例テレビドラマや映画に実在の商品を登場させる方法で，登場人物が使っている商品が売れることや，ドラマや映画とコラボレーションした広告を制作することによるイメージアップといった効果が期待できる。

■解答のポイント
□指定された語（「実在」）を用いているか。
□事例を参考に，実在する商品のイメージアップが目的であることを記述しているか。

8章 プロモーション政策
2節 プロモーションの種類(2)

●要点整理　p.87-90
①購買意欲　②即効性　③売上増加　④値引き
⑤お得　⑥トレード・プロモーション　⑦金銭
⑧リベート　⑨発注量　⑩特別出荷　⑪販売員
⑫POP広告　⑬販売店援助　⑭コンテスト
⑮見た目　⑯売上　⑰消費者プロモーション
⑱クーポン　⑲クーポニング　⑳サンプリング
㉑懸賞　㉒クジ　㉓ポイント　㉔プレミアム

㉕割安感　㉖増量パック　㉗バンドル　㉘対面
㉙人的販売　㉚カスタマイズ　㉛企業　㉜営業
㉝商談　㉞接客　㉟管理　㊱陳列
㊲発注　㊳ソリューション活動
㊴リレーション活動　㊵対応　㊶優先　㊷調整
㊸要望　㊹体制　㊺橋渡し役
㊻フット・イン・ザ・ドア・テクニック　㊼低額
㊽高額　㊾ドア・イン・ザ・フェイス・テクニック
㊿安い　(51)恩
(52)ザッツ・ノット・オール・テクニック　(53)おまけ
(54)マーケティング・コミュニケーション　(55)双方向
(56)統合型マーケティング・コミュニケーション
(57)コンタクト・ポイント　(58)製品　(59)価格
(60)チャネル　(61)クロスメディア　(62)設計

▶Step問題　p.90-91

① (1)**ウ**　(2)**イ**　(3)**ア**　(4)**オ**　(5)**エ**

② (1)接客　(2)ソリューション活動　(3)○
　(4)フット・イン・ザ・ドア・テクニック
　(5)コントラストの原理

③ 例①セールス・プロモーションのリスク
　一度「お得」な状況をつくると消費者はそれが普通だと感じ，通常の状況では売れなくなるリスクがある。
　例②セールス・プロモーションのリスク回避の方法
　同じジャンルの中で異なる商品を値引きするローテーションを行うなど，消費者の参照価格を下げないようにする。

■解答のポイント
□教科書の本文，コラムの内容をもとにセールス・プロモーションのリスクとその回避の方法について記述しているか。

④ 例リレーションシップ・マーケティングでは，新規顧客を開拓して市場シェアを獲得していくよりも，既存顧客との関係を深め，継続して商品を購入してもらうことを目指している。

■解答のポイント
□指定された語（「新規顧客」「既存顧客」）を用いているか。
□教科書のコラムの内容をもとに，リレーションシップ・マーケティングの特徴を記述しているか。

● 要点整理　　　　　　　　　　　　　p.92-93

①Web動画広告　②6秒　③ネイティブ広告

④ライブコマース　⑤双方向　⑥クチコミ

⑦商業的意図　⑧eクチコミ　⑨フォトジェニック

⑩#　⑪ハッシュタグ検索　⑫インフルエンサー

⑬フォロワー　⑭話題化

⑮インフルエンサー・マーケティング　⑯VR

⑰疑似体験　⑱ゴーグル　⑲AR　⑳視覚情報

㉑景品表示法　㉒不当表示　㉓優良誤認

㉔有利誤認　㉕その他誤認されるおそれのある表示

㉖自主規制　㉗公正競争規約　㉘倫理

㉙ステルス・マーケティング　㉚裏切る

▶Step問題　　　　　　　　　　　　　p.93

❶　(1)A　(2)A　(3)B　(4)A　(5)B

◆探究問題 8　　　　　　　　　　　　p.94

【解答例】　　　　　●参照：教科書p.132／2　プロモーションの種類

❶ 複数のメディアに広告を出している企業を調べよう。また、その具体的な広告を書き出そう。

> 例　すかいらーくグループ
> 　折込チラシ　屋外広告　テレビCM　インターネット
> 　ダイレクトメール

■解答のポイント

□具体的な企業名やその具体的な広告を書き出すことができたか。

❷ ①の企業が行っている消費者プロモーション（クーポニング、サンプリング、懸賞、プレミアム、増量パック、バンドル）と、その具体的な内容を書き出そう。

> 例　すかいらーくグループ
> 　クーポニング…アプリからクーポンが発行される。
> 　プレミアム…子供用のセットを買うとおもちゃのおまけがついてくる。
> 　懸賞…飲食代金1,000円ごとに食事券があたるくじを配布される。

■解答のポイント

□具体的な消費者プロモーションを書き出すことができたか。

❸ ①の企業において、顧客が商品やサービスを認知したり、購入したりする際の一連の動作を旅に例えるカスタマージャーニーの流れをまとめてみよう。できるだけ多くのコンタクト・ポイントを挙げよう。

> 例　折込チラシやテレビCMを見る　→　興味を持つ　→　インターネットでメニューや値段を検索する　→　他の店のメニューや値段を検索する　→　店に行く　→　席が空くのを待つ→　席に座る　→　商品を選択する　→　食事をする　→　食事の評価をする　→　SNSやクチコミで共有する　→　店の印象を記憶する。

■解答のポイント

□コンタクト・ポイントを多く細かく挙げることができたか。

❹ ①の企業において、統合型マーケティング・コミュニケーションという考え方を取り入れると、どのようなことができるだろうか、あなたのアイディアを挙げよう。

> 例　テレビCMの続きをWebサイトに誘導して、商品の詳細をみてもらう。
> 　席の待ち時間を短くするために予約アプリを作成する。
> 　フォトジェニックに対応する商品を開発する。

■解答のポイント

□新しいアイディアを出すことができたか。
□実現の可能性があるか。

■重要用語の確認 8　　　　　　　　　　p.95

(1)プロモーション政策　(2)ソーシャルメディア

(3)AIDMA　(4)AISAS　(5)ビークル

(6)トーン＆マナー　(7)ステークホルダー

(8)プレスリリース

(9)IR（インベスター・リレーションズ）

(10)インターナル・コミュニケーション

(11)パブリック・アフェアーズ

(12)トレード・プロモーション

(13)ソリューション活動　(14)リレーション活動

(15)マーケティング・コミュニケーション

(16)コンタクト・ポイント　(17)ネイティブ広告

(18)インフルエンサー　(19)景品表示法

9章 マーケティングのひろがり
1節 さまざまなマーケティング戦略

● 要点整理　　　　　　　　　　　p.96
①知名度　②市場浸透　③製品の普及　④差別化
⑤チャネル　⑥維持　⑦STP　⑧撤退
⑨リポジショニング　⑩拡大　⑪用途　⑫模倣
⑬価格　⑭コスト削減　⑮ニッチ市場
⑯集中　⑰独占

▶Step問題　　　　　　　　　　　p.97
1 (1)**ウ** (2)**イ** (3)**ア** (4)**イ** (5)**エ**
2 (1)市場地位　(2)○　(3)ニッチャー　(4)○　(5)○
3 ①**リーダー**
　　例最大の市場シェアを持つため，新規ユーザー
　　の開拓などで市場そのものの拡大をする戦略
　　をとるべきである。

　　②**ニッチャー**
　　例特定のセグメントにとって魅力的な深い製品
　　ラインをそろえるなどで，そのセグメントで
　　の独占を狙う戦略を取るべきである。

■解答のポイント
□リーダーとニッチャーの地位を踏まえたうえ
　で，とるべき戦略を記述しているか。

9章 マーケティングのひろがり
2節 サービス・マーケティング

● 要点整理　　　　　　　　　p.98-99
①サービス　②他者の行為　③サービス経済化
④無形性　⑤知覚リスク　⑥サービスの有形化
⑦同時性　⑧生産(提供)　⑨消費　⑩在庫
⑪平準化　⑫不安定性　⑬マニュアル　⑭研修
⑮サービス・エンカウンター　⑯7P
⑰⑱⑲人材　物的証拠　プロセス(順不同)
⑳インターナル・マーケティング
㉑従業員満足(ES)
㉒サービス・プロフィット・チェーン
㉓サービススケープ　㉔誘導方法

▶Step問題　　　　　　　　　　　p.99
1 (1)第三次産業　(2)○　(3)不安定性
　　(4)サービス・エンカウンター　(5)関係する

9章 マーケティングのひろがり
3節 小売マーケティング

● 要点整理　　　　　　　　p.100-103
①ストア・コンセプト　②基本理念　③市場調査

④立地　⑤商圏　⑥来る確率　⑦業態　⑧アクセス
⑨出店後　⑩ハフ・モデル　⑪売り場面積　⑫距離
⑬バイヤー　⑭納入スピード
⑮仕入先の重点化政策　⑯陳列
⑰フロア・マネジメント
⑱シェルフ・スペース・マネジメント
⑲しやすい順序　⑳動線長　㉑歩く距離
㉒計画購買　㉓非計画購買　㉔ゴールデンゾーン
㉕左側　㉖右側　㉗ライトアップの法則
㉘フェイス　㉙正面　㉚売上高比率
㉛機会ロス　㉜廃棄ロス　㉝値下げロス
㉞在庫管理　㉟人の目　㊱棚卸法　㊲手間
㊳データ　㊴最新　㊵商品回転率　㊶平均在庫高
㊷販売効率　㊸年間目標売上高　㊹在庫販売比率
㊺期首在庫　㊻月初在庫高　㊼月間売上高　㊽過剰
㊾月間目標売上高　㊿安全在庫量　51補充
52リードタイム　53小頻度大口発注
54多頻度小口発注　55経済的発注量(EOQ)

▶Step問題　　　　　　　　p.103-105
1 (1)○　(2)広い　(3)ハフ・モデル
　　(4)バイヤー　(5)○
2 (1)**オ** (2)**ア** (3)**ウ** (4)**イ** (5)**エ**
3 (1)60　(2)20　(3)52　(4)2　(5)300
4 (1)**オ** (2)**イ** (3)**エ** (4)**ア** (5)**ウ**
5 (1)B　(2)B　(3)A　(4)B　(5)A
6 例特定の仕入先と良好な関係性を構築し，継続
　　的に取引を行うことであり，長期的な取引関
　　係を結ぶことで，優遇措置を受けられること
　　がある。
7 例「青山」や「中目黒」，「麻布十番」といったお
　　しゃれな街へ集中的に出店することで，冷凍
　　食品に「おしゃれ」や「グルメ」といったイメー
　　ジを付与することができた。

■解答のポイント
□どのような立地戦略か，どのようなイメージ
　が付与されたかという二つの点を記述してい
　るか。

8 ①**棚卸法**
　　例正確な在庫高を把握することができるが，手
　　間がかかり，頻繁に実施できない。
　　②**POSシステム**
　　例最新の在庫高を速やかに把握できる。

● 要点整理　p.106

①観光目的地(デスティネーション)　②地域産業

③移住者　④ステークホルダー　⑤地域内

⑥DMO　⑦地域の魅力　⑧インバウンド消費

⑨文化　⑩オーセンティシティ　⑪訴求

⑫オーバーツーリズム(観光公害)　⑬生活環境

⑭負の影響　⑮長期的　⑯サステナブル(持続可能)

▶Step問題　p.107

1　(1)DMO　(2)外部環境　(3)○
　　(4)東アジア　(5)○

2　(1)B　(2)A　(3)A　(4)B　(5)A

3　例2020年初頭から世界的に新型コロナウイル
　　スの感染が拡大し,全世界で人の移動を制限
　　したことに影響を受けたため。

● 要点整理　p.108

①現地の消費者　②食事　③固有　④製品の印象

⑤原産国効果　⑥海外市場

⑦スタンダーダイゼーション　⑧規模の経済

⑨ニーズ　⑩ローカライゼーション　⑪コスト

▶Step問題　p.108

1　例環境への配慮や健康意識の高まり,動物愛護
　　などといった理由からベジタリアンが増加し
　　ているため。

■解答のポイント

□実際に存在する文化を挙げられているか。

● 要点整理　p.109

①ソーシャル・マーケティング　②NPO

③非営利組織のマーケティング

④社会的責任のマーケティング

⑤アイディア提案　⑥利益　⑦企業の社会的責任

⑧CSR　⑨地球上　⑩SDGs　⑪2030年

▶Step問題　p.109

1　例SDGsの貢献に熱心なふりをしているにもか
　　かわらず,実態が伴っていないこと。

◆ 探究問題 **9**　p.110

【解答例】●参照：1さまざまなマーケティング戦略 4観光地マーケティング 5グローバル・マーケティング

1 現在の世の中で,製品ライフサイクルの導入期と成熟期にあたると考えられる商品を
書き出し,導入期の商品は今後成長期を迎えるための,成熟期の商品は今後衰退期とならないための戦略をそれぞれ考えよう。

> **導入期の商品**
> 例　AI搭載のロボット　など
> **成長期となるための戦略**
> 例　さまざまな店舗やオフィスに導入してもらい,便利
> 　　であることを多くの人に知ってもらう　など
>
> **成熟期の商品**
> 例　スマートフォン
> **衰退期とならないための戦略**
> 例　自由自在に折り曲げられたり,充電不要にしたりと
> 　　いったように新たな機能を付ける　など

2 日本にある,外国人観光客がオーセンティシティを感じる場所を調べて書き出そう。

> 例　東京都墨田区にある,鳩の町通り商店街は,90年近
> 　　い歴史を持つ商店街であり,東京大空襲を免れたため,
> 　　戦前の街並みを感じることができる。

3 SDGsに取り組んでいる企業を探して,どの目標にどのように取り組んでいるかを書き出そう。

> 例　横浜市にある電気亜鉛メッキなどを行う企業は,知
> 　　的障害を持つ人たちを積極的に雇用し,「働き甲斐も経
> 　　済成長も」や「人や国の不平等をなくそう」といった目標
> 　　に取り組んでいる。

■解答のポイント

1□製品ライフサイクルのそれぞれの段階を理
　解し,適切であると考えられる製品を書き
　出せているか。
　□それぞれの製品が,成長するため,衰退し
　ないための適切な戦略を考えることができ
　ているか。

2□外国人観光客にとって,地元の人々の生活
　感,日本らしさが伝わるような場所を書き
　出せているか。

3□SDGsに取り組んでいる企業を調べ,目標
　とともにその取り組みを書き出せている
　か。

■重要用語の確認 **9**　p.111

(1)製品ライフサイクル　(2)リーダー

(3)チャレンジャー　(4)フォロワー　(5)ニッチャー

(6)サービス　(7)サービス経済化　(8)知覚リスク

(9)サービスの工業化

(10)インターナル・マーケティング

⑾ストア・コンセプト

⑿サービス・プロフィット・チェーン　⒀商圏

⒁バイヤー　⒂仕入先の重点化政策

⒃フロア・マネジメント

⒄シェルフ・スペース・マネジメント

⒅ゴールデンゾーン　⒆機会ロス　⒇商品回転率

㉑在庫販売比率　㉒リードタイム

㉓インバウンド消費